Training Note トレーニングノートα 英文法・作文

はじめに

「受験勉強の調子はどうですか？」「いろいろやってるけど，どれもちょっと…難しすぎて」と感じていませんか？

この本は，高校英語の文法を終了したみなさんが，「楽な気持ちで」大学受験の準備ができることを目標にしています。大学受験で必要な英文法・作文のすべての項目が，この一冊でトレーニングできます。

希望大学の合格へ向かって一歩進みましょう。

本書の特色

● **文法項目**：大学受験にも対応できる内容です。
● **文法解説**：わかりやすく簡潔に説明し，問題の右側にもワンポイント解説をしています。
● **練習問題**：基礎的なところから入試問題まで自然に力がつくよう工夫しています。
● **作　文**：基本的な作文力が養えるよう工夫しています。
● **解答・解説**：解き方をやさしく解説し，文法や語句の補足説明を加えています。

目　次

1 基本文型

解答▸別冊P.1

POINTS

1 **He came** to school early today. 〈第１文型〉 彼は今日，早く学校へ来た。
Ⓢ Ⓥ

2 The **girl likes playing** the piano. 〈第３文型〉 その少女はピアノをひくのが好きだ。
Ⓢ Ⓥ Ⓞ

3 **She found** the **book interesting**. 〈第５文型〉 彼女はその本がおもしろいと知った。
Ⓢ Ⓥ Ⓞ Ⓒ

英文は主語（S），動詞（V），目的語（O），補語（C）などから成り立ち，動詞の性質によって基本的に**５つの文型**に分けることができる。

① 第１文型 S(主語)+V(動詞)「…は～する」（POINTS 1）

この文型の動詞は目的語をとらない**自動詞**で，主語と動詞で基本的な意味が成り立つ。

② 第２文型 S+V+C(補語)「…は～である」

この文型の動詞も**自動詞**だが，**主語を説明する補語**（通常，名詞や形容詞）を必要とする。この型では，S＝C の関係が成り立つ。

These **cookies smell good**. （このクッキーはいいにおいがする。）
Ⓢ Ⓥ Ⓒ

③ 第３文型 S+V+O(目的語)「…はーを～する」（POINTS 2）

この文型の動詞は**他動詞**で，動詞を説明する**目的語**（通常，代名詞や名詞）を必要とする。

④ 第４文型 S+V+O(人)+O(もの)「…は(人)に(もの)を～する」

この文型の動詞は**他動詞**で**目的語を２つ**とり，S＋V＋O（もの）＋to[for，of] 人に書きかえられる。

My **father gave me** a nice **doll**. （父は私にすてきな人形をくれた。）
Ⓢ Ⓥ Ⓞ Ⓞ

⑤ 第５文型 S+V+O+C「…はーを～する」（POINTS 3）

この文型の動詞は**他動詞**で，**目的語と補語**をとり，O＝C の関係が成り立つ。

□ **1** 次の文の下線部の語が主語なら S，動詞なら V，目的語なら O，補語なら C を（ ）に書き，その文の文型を表す数字を〈 〉に書きなさい。

(1) This <u>singer</u> is really <u>great</u>. （ ）（ ） 第〈 〉文型

(2) Do you <u>grow</u> <u>rice</u> in your country ? （ ）（ ） 第〈 〉文型

(3) This story <u>seems</u> very <u>exciting</u>. （ ）（ ） 第〈 〉文型

(4) He <u>sent</u> Mary an <u>e-mail</u>. （ ）（ ） 第〈 〉文型

(5) I <u>found</u> the <u>book</u> easily. （ ）（ ） 第〈 〉文型

(6) I found the <u>problem</u> <u>easy</u>. （ ）（ ） 第〈 〉文型

Check

1 動詞や動詞のあとにくる品詞でおおよそ文型は判断できる。be 動詞の文は第２文型。一般動詞のあとに形容詞が続けば第２文型，（代）名詞がくれば第３文型，（代）名詞が「人＋もの」で２つくれば第４文型，（代）名詞＋形容詞ならば第５文型。

□ **2** 次の(1)〜(8)の文は下の**ア〜オ**のどれと同じ文型か，（　）に記号で書きなさい。

(1) He doesn't know the way to the station. (　　)

(2) She bought her son a new bike. (　　)

(3) Keiko got to Nagoya early in the morning. (　　)

(4) He kept his room clean. (　　)

(5) My grandmother bought it for me. (　　)

(6) I was so happy at that time. (　　)

(7) She showed me the beautiful picture. (　　)

(8) We got the tickets at last. (　　)

ア He got very tired today.

イ She told me an interesting story.

ウ I caught a cold last week.

エ My father called her Amy.

オ We often stayed with our aunt.

↳**2** どの語が主語，動詞，目的語，補語にあたるのかを考える。

(2)(5) bought のあとに続く語に着目する。

(3) get to 〜「〜に到着する」

(8) get「手に入れる」

ア 第２文型

イ 第４文型

ウ 第３文型

エ 第５文型

オ 第１文型

□ **3** 次の各組の文が同じ内容になるように（　）に適語を書きなさい。

(1) My mother made me a birthday cake.
My mother made a birthday cake (　　) (　　).

(2) I will ask him the work.
I will ask (　　) (　　) (　　) (　　).

(3) Our math teacher gave us some advice.
Our math teacher gave (　　) (　　) (　　) (　　).

↳**3** 第４文型から第３文型への書きかえ。使う前置詞に注意。

□ **4** 日本文に合うように｛　｝内の語を並べかえなさい。また，その文の文型を表す数字を〈　〉に書きなさい。

(1) なぜあなたはそんなにうれしそうなのか。〔大阪産業大〕

｛you, happy, so, look, do, why｝?

.... 第〈　　〉文型

(2) 彼女は私に郵便局への道を教えてくれた。

｛the, she, way, showed, to, me｝ the post office.

.... 第〈　　〉文型

(3) その男は彼女を幸せにした。

｛man, made, the, her, happy｝.

.... 第〈　　〉文型

↳**4** (2) 第３文型なら show ＋もの＋ to ＋人
第４文型なら
show ＋人＋もの

2 文の種類

解答▸別冊P.1

POINTS

1 He speaks French very well. 彼はとてもうまくフランス語を話す。

2 **Who** is that girl ? あの少女はだれですか。

3 **How** beautiful this flower is ! この花はなんて美しいのだろう。

1 平叙文 ある事実を述べる文を**平叙文**という。平叙文には**肯定文**と**否定文**がある。

① **肯定文**…「…は～する」「…は～である」と肯定する文。(POINTS 1)

② **否定文**…「…は～しない」「…は～でない」と否定する文。be 動詞や助動詞の文ではあとに **not** を置き，一般動詞の文では前に **do**［**does**，**did**］**not** を置く。

〈be 動詞の文〉 She **is not** from China. （彼女は中国出身ではない。）

〈一般動詞の文〉 I **do not** know that woman. （私はあの女性を知らない。）

2 疑問文 質問に用いられる文を**疑問文**という。通常，語尾にクエスチョンマーク(?)を置く。

① **疑問詞がない疑問文…Yes，No で答えられる。**

Do you usually get up early ? （あなたはたいてい早起きしますか。）

② **疑問詞がある疑問文…Yes，No で答えられない。**(POINTS 2)

What do you have in your bag ? （かばんの中に何を入れているのですか。）

疑問文には他に，A か B かをたずねる**選択疑問文**，同意を求める**付加疑問文**がある。

3 感嘆文 喜びや驚きなどの強い感情を表す文を**感嘆文**という。感嘆文には **what** で始まるものと **how** で始まるものがあり，通常，語尾に感嘆符(!)を置く。(POINTS 3)

What a beautiful flower this is ! （これはなんて美しい花なのだろう。）

4 命令文 相手に対し，命令，依頼，要求を表す文を**命令文**という。命令文は主語を省いて作る。

〈肯定の命令文〉 **Be** kind to elderly people.（お年寄りに親切にしなさい。）

〈否定の命令文〉 **Don't** eat too much. （食べすぎてはいけない。）

□ **1** ｛ ｝内から適切なものを選びなさい。

(1) Her mother ｛aren't, doesn't, isn't｝ talking about it.

(2) ｛Do, Does, Is｝ he like playing soccer after school ?

(3) Mary ｛haven't, hasn't, doesn't｝ have to study math.

(4) ｛What, When, Who｝ will you tell the truth to him ?

(5) ｛What, How, Where｝ fast Tom can run !

(6) ｛How, What, Which｝ a pretty cat you have !

(7) ｛How, What, Which｝ long have you been in Tokyo ?

(8) ｛Not, Don't, Doesn't｝ be noisy in the library.

(9) She ｛won't, isn't, don't｝ come here.

(10) He is your brother, ｛isn't, don't, doesn't｝ he ?

Check

1 (1) 現在進行形の否定文

(3) not have to ～「～する必要はない」

(4)～(7) 語尾に？がくるか！がくるかで感嘆文か疑問文かをまず判断する。

(8) 否定の命令文

(9) 助動詞の否定文

(10) 付加疑問文

□ **2** 日本文に合うように（　）に適切な語を書きなさい。また，その文の種類（平叙文，疑問文，命令文，感嘆文）を〈　〉に書きなさい。

(1) 静かにしてください。（　　　）quiet, please.　〈　　　　〉

(2) だれが明日東京に行くのですか。
（　　　）will go to Tokyo tomorrow ?　〈　　　　〉

(3) 彼はコーヒーに砂糖を決して入れない。
He（　　　）puts sugar in his coffee.　〈　　　　〉

(4) あなたはとり肉と牛肉のどちらが好きですか。
（　　　）do you like better, chicken（　　　）beef ?　〈　　　　〉

(5) あなたのお母さんはなんて親切なのだろう。
（　　　）kind your mother is !　〈　　　　〉

(6) 口に物を入れたまま話してはいけない。
（　　　）speak with your mouth full.　〈　　　　〉

↳ **2** (1) 命令文は，主語を省略し，動詞の原形から文を始める。

(4) AかBかを選択させる選択疑問文。

□ **3** 次の文を（　）内の指示にしたがって書きかえなさい。

(1) He came here by bike.　He came here on foot.
（疑問詞を使わずに下線部のどちらかを問う文に）

(2) You must not tell a lie.（命令文に）

(3) This watch is fifty years old.（下線部を問う文に）

(4) This watch is very old.（感嘆文に）

(5) Don't make so much noise.（付加疑問文に）　〔亜細亜大〕

↳ **3** (3)(4) 疑問文と感嘆文の違い
How tall **is he** ?（彼はどのくらいの身長ですか。）〔疑問文〕
How tall **he is** !（彼はなんて背が高いのだろう。）〔感嘆文〕

□ **4** 日本文に合うように｛　｝内の語を並べかえなさい。

(1) あなたは何色がいちばん好きですか。
｛the, you, like, color, what, best, do｝?

(2) あの男の子，うれしそうじゃなかったね。
｛boy, look, did, didn't, happy, the, he｝?

↳ **4** (1) what＋名詞「どんな～」

(2) 否定の付加疑問文

3 動　詞

解答▸別冊P.2

POINTS

1 Takuya **played** soccer at school yesterday.　卓也は昨日，学校でサッカーをした。

2 She **made** a pretty doll.　彼女はかわいい人形を作った。

3 My brother **takes care of** his bird every day.　私の兄は毎日彼の鳥の世話をする。

主語（人や事物）の**動作・状態**などを表す語を**動詞**という。動詞は，**原形・過去形・過去分詞形**と活用され，主語が３人称・単数のときは語尾に(e)s を伴うなど，いろいろな語形変化をする。

① 規則動詞・不規則動詞　**「原形＋(e)d」**の形で過去形・過去分詞形を作る動詞を**規則動詞**，それ以外の不規則に変化する動詞を**不規則動詞**という。

〈規則動詞〉　play－played，like－liked，study－studied，stop－stopped など。

〈不規則動詞〉buy－bought－bought，go－went－gone，come－came－come など。

② 自動詞・他動詞　目的語をとらないものを**自動詞**，目的語をとるものを**他動詞**という（→**① 基本文型**）。また，自動詞と他動詞の両方で使われる動詞も多い。

〈自動詞〉School **begins** at 8：30.　（学校は８時30分に始まる。）　**…目的語がない**

〈他動詞〉He **begins** his work at 8：30.（彼は８時30分に仕事を始める。）　**…目的語がある**

③ 群動詞　動詞に副詞や名詞，前置詞を合わせて１つの動詞の働きをするものを**群動詞**という。

〈＋副詞〉　get off（降りる），come about（生じる），take off ～（～を脱ぐ）など

〈＋前置詞〉　get along（うまくやる），go on（続ける），look for ～（～を探す）など

〈＋副詞＋前置詞〉catch up with ～（～に追いつく），look up to ～（～を尊敬する）など

〈＋名詞＋前置詞〉make fun of ～（～をからかう），take part in ～（～に参加する）など

□ **1** 次の動詞の活用形を書きなさい。

		過去形		過去分詞形
(1)	take －	(　　　)	－	(　　　)
(2)	drop －	(　　　)	－	(　　　)
(3)	live －	(　　　)	－	(　　　)
(4)	cut －	(　　　)	－	(　　　)
(5)	know －	(　　　)	－	(　　　)
(6)	pay －	(　　　)	－	(　　　)
(7)	break －	(　　　)	－	(　　　)
(8)	get －	(　　　)	－	(　　　)
(9)	cry －	(　　　)	－	(　　　)
(10)	put －	(　　　)	－	(　　　)
(11)	eat －	(　　　)	－	(　　　)

Check

↳ **1** 不規則動詞の変化にはパターンがある。

〈A－A－A 型〉
hit－hit－hit

〈A－B－A 型〉
come－came－come

〈A－B－B 型〉
spend－spent－spent

〈A－B－C 型〉
write－wrote－written

□ **2** 次の英文の下線部が他動詞のものを全て選んで，記号で書きなさい。

ア She bought her brother a CD.

イ He looks very tired today.

ウ I made the old lady angry.

エ Mr. Tanaka stopped to smoke then.

オ The man became a lawyer at last.

カ He stopped smoking when he was thirty. (　　　　　　)

□ **3** ｛ ｝内から適切なものを選びなさい。

(1) They ｛arrived, reached, got｝ Yokohama at five.

(2) I ｛lied, lay, laid｝ down on the sofa.

(3) The hen ｛lied, lay, laid｝ an egg this morning.

(4) She ｛talked, spoke, told｝ her daughter the story.

(5) A lot of people ｛attend to, attend｝ the conference.

↳ **3** (2)(3)
「横たわる」は自動詞
lie－lay－lain
「横たえる」は他動詞
lay－laid－laid
(「うそをつく」は
lie－lied－lied)

□ **4** 日本文に合うように（ ）内に適切な語を書きなさい。

(1) 彼らはそのパーティーを来週に延期することを決めた。

They decided to (　　　) (　　　) the party till next week.

(2) リサは元日に着物を着た。

Lisa (　　　) (　　　) a *kimono* on New Year's Day.

(3) 彼女はまもなくジェーンに会えるのを楽しみにしている。

She's (　　　) (　　　) to seeing Jane soon.

(4) 先生はコンピュータが本にとってかわることはないと言う。

Our teacher says computers will never take (　　　) (　　　) of books.

↳ **4** (4) 「〜にとってかわる」は「〜の場所をとる」という意味。

□ **5** 日本文に合うように｛ ｝内の語を並べかえなさい。

(1) 彼女は歯の痛みをがまんできませんでした。

She couldn't ｛her, up, toothache, put, with｝.

....

(2) 赤ん坊のせいで私たちは一晩中寝られなかった。〔立命館大〕

Our baby ｛us, awake, night, kept, all｝.

....

↳ **5** (2) awake は「目が覚めている」という形容詞。ここでは補語。

4 時　制

解答▸別冊P.2

POINTS

1 She **teaches** us English twice a week.　彼女は週に2度私たちに英語を教える。

2 He **wrote** a letter to his friend in Canada.　彼はカナダの友達に手紙を書いた。

3 I **will call** him tomorrow morning.　私は明日の朝，彼に電話するつもりだ。

現在，過去などの時間関係は動詞の語形変化により表される。こうした時間を表す動詞の語形を**時制**という。英語の時制には**基本時制**として**現在時制・過去時制・未来時制**の3つがあり，それぞれに進行形・完了形がある。（**→⑤ 進行形，⑥ 完了形**）

1 現在時制 現在の状態や習慣，一般的な事実，真理などを表し，未来の代用などとしても使われる。

Paris **is** the capital of France.　（パリはフランスの首都である。）　…**一般的事実**

I will go fishing **if** it **is** fine tomorrow.　（明日もし晴れたら釣りに行くつもりだ。）　…**未来の代用**

時や条件を表す副詞節（when，if などに導かれる節）では，**未来のことでも現在時制**で表す。

2 過去時制 過去の動作や状態，過去の習慣や反復的な出来事を表す。

The old lady **looked** tired.　（その老婦人は疲れているようだった。）　…**過去の状態**

We often **climbed** the tree in the yard.　（私たちはよく庭の木に登った。）　…**過去の習慣**

3 未来時制 **単純未来**（意志を含まない未来）と**意志未来**（話し手や相手の意志を含む）がある。will のほかに，be going to，be to，be about to，shall なども未来を表す。

It **will** be cold this weekend.　（週末は寒くなるでしょう。）　…**単純未来**

I **will** do my best to be a doctor.　（医者になるために最善をつくすつもりだ。）　…**意志未来**

□ **1** ｛　｝内から適切なものを選びなさい。

(1) The sun ｛rise，rises，rose｝ in the east.

(2) He often ｛goes，go，went｝ fishing when he was a boy.

(3) Ben ｛lie，lay，laid｝ down on the sofa.

(4) I'm ｛go，going，gone｝ to be a doctor.

(5) My sister usually ｛get，got，gets｝ on the train.

(6) We ｛left，leave，leaves｝ for Tokyo tomorrow.

(7) ｛Shall，Will｝ you please close the window ?

(8) ｛Shall，Will｝ we go for a walk ? — Yes, let's.

(9) I don't know when he ｛come，comes，will come｝ tonight.

(10) Let's go out when the rain ｛stop，stops，will stop｝.

(11) Who ｛did play，played，plays｝ the violin last night ?

(12) ｛Did，Was，Do｝ she look sick yesterday ?

(13) I won't go shopping if she ｛will go，goes，won't go｝.

Check

1 (1) 不変の真理

(2) 過去の習慣

(4) 話者の意志未来

(5) 現在の習慣

(6) 確定的な未来の予定を表す現在形

(7)(8) 相手の意志未来

(9) 目的語となる名詞節

(10) 時を表す副詞節

(13) 条件を表す副詞節

□ **2** 日本文に合うように（　）に適切な語を書きなさい。

(1) そのことについて話すつもりですか。

(　　　) you (　　　) (　　　) talk about the matter ?

(2) 彼女は決してうそをつかない。

She (　　　) (　　　) a lie.

(3) 明日雨が降るかどうかわからない。

I don't know (　　　) it (　　　) rain tomorrow.

(4) 彼女がもどって来るまで待とう。

Let's wait (　　　) she (　　　) back.

(5) 彼は森で道に迷った。

He (　　　) his (　　　) in the woods.

(6) 新学期は4月6日に始まる。

The new term (　　　) on the 6th of April.

(7) 太陽が西に今まさに沈もうとしている。

The sun is (　　　) (　　　) set in the west.

↳ **2** (1) 主語の意志未来

(2) 現在の習慣

(3)(4) 時や条件を表す副詞節か，それとも目的語となる名詞節かを見極める。
副詞節→現在形
名詞節→未来形

(6) 確定的な未来の予定を表す現在形

□ **3** 次の文を（　）内の指示にしたがって書きかえなさい。

(1) My father goes to Kyoto.（語尾に three years ago をつけて）

....

(2) She'll stay with her grandfather this summer. （疑問文に）

....

(3) Miki practiced the flute last Sunday.

（下線部を on Sundays にかえて）

....

(4) Her sister will attend the meeting. （下線部を問う文に）

....

↳ **3** (1) 過去の文に。

(4) who を主語にして疑問文にする。

□ **4** 日本文に合うように｛　｝内の語を並べかえなさい。

(1) 私たちは明日ジャズコンサートに行くつもりだ。

｛are, a jazz concert, we, to, tomorrow, going｝.

....

(2) 今日学校は楽しかったかい？ 〔龍谷大〕

｛have, school, did, fun, today, at, you｝?

....

↳ **4** (1) 確定的な未来の予定を表す現在進行形

(2) 過去の疑問文

5 進行形

解答▸別冊P.3

POINTS

1 It **is raining** outside. 外は雨が降っている。

2 I **was sleeping** when you came in the room. 君が部屋に入ってきたとき，私は寝ていた。

3 He **has been studying** Spanish for two years. 彼はスペイン語を2年間勉強している。

進行形は，**ある時点で進行中の動作や出来事，反復的な動作，確定的な近い未来・予定**などを表す。

1 現在進行形 ある動作，出来事が**現在進行中**であることを表す。

The dog **is dying**. （その犬は死にかけている。） …**進行中の状態**

You **are always complaining**. （君はいつも文句ばかり言っている。） …**反復的動作**

We **are going** to the movies tomorrow. （私たちは明日映画に行くつもりだ。） …**確定的予定**

2 過去進行形・未来進行形 ある動作や出来事が，**過去や未来のある時点で進行中**であることを表す。

〈過去進行形〉 The boy **was drowning**. （その男の子はおぼれかけていた。）

〈未来進行形〉 I'**ll be waiting** for you at ten. （私は10時にあなたを待っているだろう。）

3 完了進行形 **現在完了進行形，過去完了進行形，未来完了進行形**の3つがあり，**現在・過去・未来のある時点までに継続してきた動作・出来事**を表す。（→⑥ **完了形**）

〈現在完了進行形〉 He **has been playing** the piano for 2 years.

（彼はピアノを2年間ひいている。）

〈過去完了進行形〉 He **had been playing** the game for an hour.

（彼は1時間ずっとゲームをしていた。）

〈未来完了進行形〉 He'**ll have been teaching** English for 10 years in April.

（4月で彼は10年間英語を教えていたことになる。）

状態を表す動詞（live，exist など），**知覚・心の動きを表す動詞**（like，see など）は**進行形にはできない**。ただし，一時的な状態・動作を表す場合は進行形にすることもある。

□ **1** ｛ ｝内から適切なものを選びなさい。

(1) She ｛is, was, will be｝ reading a book yesterday afternoon.

(2) The train is ｛stop, stops, stopping｝ at the station.

(3) We ｛are, were, had｝ going to the party tomorrow.

(4) Will he ｛is, have, be｝ swimming at this time tomorrow ?

(5) You ｛have, had, were｝ always talking in my class.

(6) Tom is ｛walk, walks, walking｝ to school this term.

(7) The baby ｛have, has｝ been sleeping for three hours now.

(8) How are you ｛like, liked, liking｝ your new job ?

(9) I ｛have, was, had｝ been watching TV for two hours when my mother came home.

Check

↳ 1 (2) 「～しつつある」

(3) 確定的な未来

(4) 未来進行形

(5)(6) 反復的動作

(7) 現在完了進行形

(8) 一時的な気持ち

(9) 過去完了進行形

□ **2** 次の文の（　）の中に入れる最も適切な語を下の｛　｝より選んで記号で書きなさい。それぞれ一度ずつしか使えません。

(1) I'm (　　　) for Sapporo tomorrow.

(2) I was (　　　) a letter when she called me.

(3) What (　　　) you been reading since this morning ?

(4) Kate had (　　　) talking with her friends for two hours.

(5) I'll have been (　　　) math until my father goes back.

(6) She (　　　) be staying home tomorrow evening.

(7) (　　　) you sleeping when the accident happened ?

｛ア studying　イ listening　ウ writing　エ leaving
オ will　カ were　キ been　ク have｝

▶現在完了進行形
have been ～ing
「ずっと～し続けている」
過去　現在　未来
（過去のある時点から現在まで続く動作）
▶過去完了進行形
had been ～ing
「ずっと～し続けていた」
過去　現在　未来
（過去のある時点よりさらに前から続いていた動作）
▶未来完了進行形
will have been ～ing
「ずっと～し続けていることになる」
現在　未来　未来
（ある時点から未来まで続く動作）

□ **3** 次の文の（　）内の動詞を適切な進行形に直しなさい。

(1) He (swim) in the river when they came back. (　　　)

(2) We (eat) breakfast at eight yesterday. (　　　)

(3) She (study) for two hours until he came in. (　　　)

(4) You (lie) down on the bed then. (　　　)

(5) Kana (play) the piano for three hours by ten thirty. (　　　)

□ **4** 次の文を（　）内の指示にしたがって書きかえなさい。

(1) We arrive at Tokyo.（「～しつつある」という意味に）

(2) I will see a doctor tomorrow.（ほぼ同じ意味を表す進行形の文に）

(3) You've been driving <u>for an hour</u>.（下線部を問う文に）

(4) She will be taking care of <u>her son</u> tonight.（下線部を問う文に）

(5) Scientists try to build the jet.
（for years をつけて現在完了進行形に）〔近畿大・改〕

↳ **4** (1) 瞬間的動作を表す動詞は，現在進行形にすると動作が完結しつつあることを表す。
(2) 確定的な予定を表す現在進行形に。
(3) 時間の長さをたずねる文にする。

6 完了形

解答 ▸ 別冊P.3

POINTS

1 I **have never been** to Canada. 私はカナダを訪れたことがない。

2 She **had been sick** in bed until yesterday. 彼女は昨日まで病気で寝ていた。

3 You **will have finished** your work by tomorrow. 君は明日までには仕事を終えてしまっているだろう。

完了形には，大きく分けて**現在完了形**，**過去完了形**，**未来完了形**があり，その時点までの動作や状態の**完了・結果**，**経験**，**継続**などの意味を表す。

1 現在完了形 **過去の動作や状態**を**現在**と結びつけて表す。

① **完了・結果**…完了は**過去に始まった動作が現在までに完了した**ことを表し，結果は**完了した結果，生じた状態**を表す。**just**，**already**，**now**，**yet** などの副詞がよく用いられる。

〈完了〉I have already read the book.（私はもうその本を読んだ。）

〈結果〉She **has gone** to the USA.　（彼女は米国へ行ってしまった。〈今ここにはいない。〉）

② **経験**…「～したことがある」という**現在までの経験**を表す。**ever**，**never**，**once**，**often**，**before** などの副詞を伴うことが多い。（POINTS 1）

③ **継続**…「（今まで）ずっと～している」と，**過去から現在まである状態が継続**していることを表す。**since**，**for** などの副詞を伴うことが多く，**How long ～ ?** の形で継続の期間を問うことができる。また，**動作の継続**を表すときは，**現在完了進行形**を用いる。（→⑤ **進行形**）

〈状態の継続〉I have lived here for 2 years.　（私は2年間ここに住んでいる。）

〈動作の継続〉I have been playing the piano for 2 years.　（私は2年間ピアノをひいている。）

2 過去完了形 過去のある時点までの，動作や状態の完了・結果，経験，継続を表す。（POINTS 2）
また2つの過去を比較し，過去に起こったことより前に起こったこと（大過去）を表すこともできる。

3 未来完了形 未来のある時点までの，動作や状態の完了，経験，継続を表す。（POINTS 3）

過去完了・未来完了ともに，動作の継続を表すときは，完了進行形を用いる。

□ **1** 次の文の（ ）の中に入れる最も適切な語を下の｛ ｝より選んで記号で書きなさい。それぞれ一度ずつしか使えません。

(1) My parents (　　) been married (　　) twenty years.

(2) Have you (　　) visited Kyoto ?

(3) When I called him, he (　　) (　　) left for school.

(4) The concert (　　) have started (　　) we arrive.

(5) Kumi has never (　　) (　　) Paris.

(6) Jim isn't here now. He has (　　) to work.

｛ア yet　イ ever　ウ have　エ had　オ to
カ already　キ gone　ク not　ケ never　コ before
サ will　シ been　ス for｝

Check

1 (1) 現在完了「継続」
(2) 現在完了「経験」
(3) 過去完了「完了」
(4) 未来完了「完了」
(5) 現在完了「経験」
(6) 現在完了「結果」

□ **2** ｛ ｝内から適切なものを選びなさい。

(1) I ｛have, haven't, haven't been｝ never seen a koala.

(2) I'll go traveling when I ｛have finished, finished｝ this work.

(3) Her father ｛has been, had been｝ sick since last week.

(4) She ｛doesn't, didn't, hasn't｝ read the book yesterday.

(5) Have you ｛studied, been studying｝ math for two hours ?

(6) Where ｛had, has｝ she been before the sun rose ?

(7) He ｛has been, had been｝ waiting for you till five o'clock.

↳ **2** (1) 「～したことがない」
(3) 先週から現在まで継続した状態。
(5) 「勉強する」という動作の継続を表すので現在完了進行形。

□ **3** 日本文に合うように（ ）に適切な語を書きなさい。

(1) 彼は離婚したと言った。

He (　　　) that he (　　　) divorced.

(2) ジェーンがまだ来ていないのはおかしい。

It's strange that Jane (　　　) come (　　　).

(3) 人類は4万年あまりもの間，生物学的には変化していない。〔近畿大〕

Humans have not (　　　) biologically (　　　) some forty thousand years.

(4) 彼は来週までにはこの問題を解いているだろう。

He (　　　) (　　　) solved this problem (　　　) next week.

↳ **3** (1) 過去のある時点よりも前の動作・出来事を表すときは過去完了形を使う。過去の2つの出来事のうち，先に起こったことを過去完了(大過去)で表す。
(4) 未来完了形「～までに」by

□ **4** 日本文に合うように｛ ｝内の語句を並べかえなさい。

(1) 日本料理を食べたのはそれが初めてだった。

｛was, eaten, I, it, Japanese food, time, had, the first, ever｝.

----

(2) あなたは京都に来てどのくらいになりますか。

｛you, Kyoto, long, been, in, how, have｝?

----

(3) 私たちが帰宅したとき，彼女はもう眠っていた。

｛we, sleeping, home, been, she, when, came, had, already｝.

----

(4) ジョンは昨日失くした身分証明書をずっと探している。

｛lost, looking, the ID card, has, John, he, yesterday, been, for｝.

↳ **4** (1) 過去完了「経験」
(2) 現在完了「継続」
(3) 彼女が眠っていたのは私たちが帰宅した時点よりも前
(4) 現在完了進行形

復習問題 ❶　1～6単元

□ **1** 日本文に合うように（　）に適切な語を書きなさい。

(1) 彼は彼の犬をジョンと呼ぶ。　He (　　　) his dog John.

(2) 私は彼らにあまり多くの金を与えることができなかった。

I couldn't (　　　) (　　　) so much money.

(3) 父は私に本棚を作ってくれた。　My father (　　　) a bookshelf (　　　) me.

(4) 彼の話は奇妙に思われる。　His story (　　　) strange.

(5) あなたの両親は泳げませんよね。　Your parents can't swim, (　　　) (　　　) ?

(6) 地球は太陽の周りを回転している。　The earth (　　　) round the sun.

□ **2** 次の各組の文が同じ内容になるように（　）に適語を書きなさい。

(1) Takumi lay down under the tree.
Takumi (　　　) himself down under the tree.

(2) How (　　　) she plays the piano !
(　　　) (　　　) good pianist she is !

(3) He opened the window, and it is still open now.
He has (　　　) the window (　　　).

(4) Nancy wrote him a letter as soon as possible.
Nancy (　　　) (　　　) him as soon as possible.

(5) You must not miss the chance.
(　　　) (　　　) the chance.

(6) My father listened to music three hours ago. He is still listening now.
My father (　　　) (　　　) (　　　) to music (　　　) three hours.

□ **3** 意味が通る英文になるように，次の各文の｛　｝内の語を並べかえて全文を書きなさい。

(1) ｛know, when, leave, I, will, she, don't｝.

....

(2) ｛raining, she, stopped, has, will, come, if, it, here｝.

....

□ **4** 次の文の（　）の中に入れる最も適切な語を右の｛　｝より選んで記号で書きなさい。それぞれ一度ずつしか使えません。

(1) (　　　) you visit your friend in London yesterday ?

(2) She (　　　) already finished her homework.

(3) My sister (　　　) really looking forward to seeing you.

(4) (　　　) you get me a ticket for the game ?

(5) I've (　　　) a terrible toothache for two days.

(6) I (　　　) bread and milk for breakfast.

(7) (　　　) we go to the concert tonight ?

(8) I have (　　　) tried Turkish coffee.

ア	is	イ	have
ウ	had	エ	never
オ	has	カ	did
キ	shall	ク	will

□**5** 次のグラフを見て，英文の空所（ 1 ）～（ 4 ）に入る最も適切なものを，それぞれア～エの中から選びなさい。

Shorefog City Dining Preferences (2018)

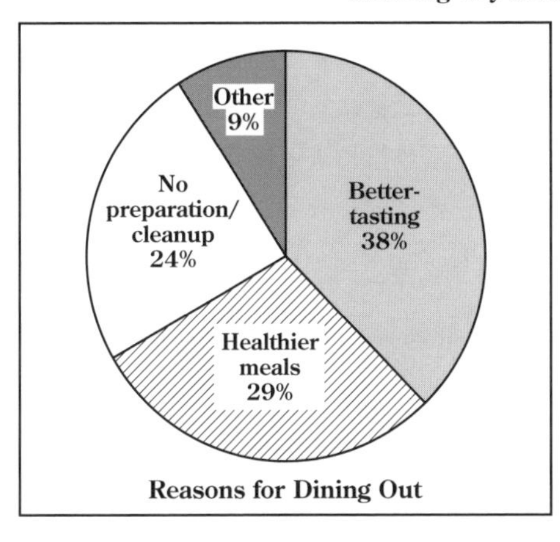

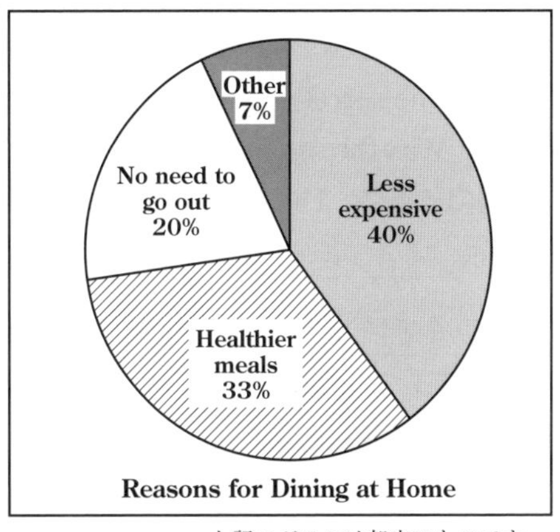

― 上記のグラフは架空のものです ―

Adult citizens of Shorefog City aged 18 to 50 were asked about their dining preferences by the Shorefog Restaurant Owners Society. As shown in the two pie charts above, 100 people who prefer to dine out and 100 who prefer to dine at home were asked to share their top reasons. The (1) common reason to dine out was to enjoy better-tasting cuisine. In contrast, (2) of those who preferred to eat at home gave the reason that it was not as costly. Interestingly, the second-most common reason for both groups was a concern about (3). Not having to prepare or clean up and not needing to go out were also important considerations for some survey respondents. It should also be noted that (4) of people gave other reasons for dining out and dining at home, respectively.

(1) ア least　イ second-least　ウ second-most　エ most

(2) ア one-fifth　イ two-fifths　ウ three-fifths　エ four-fifths

(3) ア cost　イ time　ウ health　エ taste

(4) ア 7% and 9%　イ 9% and 7%　ウ 61% and 63%　エ 63% and 61%

(1) (　　　)　(2) (　　　)　(3) (　　　)　(4) (　　　)

7 受動態

解答▸別冊P.4

POINTS

1 The novel **was written by** Soseki Natsume.　その小説は夏目漱石によって書かれた。

2 The boy **was laughed at by** his friends.　その少年は友人たちに笑われた。

3 I **was surprised at** the news.　私はそのニュースに驚いた。

「…は～される」と動作を受けるものを主語にした言い方を**受動態**といい，受動態は「**be 動詞＋過去分詞**」の形で表す。一方，「…は（－を）～する」と動作を行うものを主語にした言い方を**能動態**という。目的語を持つ能動態の文は，目的語を主語にして受動態の文に書きかえることができる。

1 受動態「**…は－よって～される**」の意味で，**動作主**を表すには **by** を用いる。（POINTS 1）

〈平叙文〉 The secret **was kept** by him.　（その秘密は彼によって守られた。）

〈否定文〉 The secret **was not kept** by him.　（その秘密は彼によって守られなかった。）

〈疑問文〉 **Was** the secret **kept** by him ?　（その秘密は彼によって守られましたか。）

〈助動詞のある文〉 The secret **can be kept**.　（その秘密は守られるだろう。）

動作主を言う必要がない場合や特定できない場合などは，by ～はつけない。

2 群動詞の受動態 2～3語で1つの他動詞の働きをする群動詞を受動態にする場合は，分離させずに，そのまま1つの他動詞として扱う。（POINTS 2）

3 by 以外を用いる受動態 一部の動詞の受動態では by 以外の前置詞が続くことがある。常に受動態の形で使われる感情や心理を表す動詞に，この形のものが多い。（POINTS 3）

例：be known to ～「～として知られている」，be worried about ～「～を心配する」，
be interested in ～「～に興味がある」，be satisfied with ～「～に満足する」，
be pleased with ～「～を気にいっている」など

□ **1** （　）の中の語句を正しい受動態にしなさい。

(1) These dishes (wash) by Emily yesterday.　　　　

(2) Dinner (make) by her tomorrow.

(3) Your room (should keep) clean.

(4) Can Mt. Fuji (see) from this room ?

(5) She (bear) in Canada and brought up there.

(6) We (teach) math by him this year.

(7) This song (sing) by the singer last year.

(8) The door (shut) by the teacher an hour ago.

(9) What (discover) by the scientist last year ?

(10) I (make) clean my room by my mother yesterday.

(11) They will (surprise) the news.

Check

▶過去形の受動態
was[were]＋過去分詞

▶未来形の受動態
will be＋過去分詞

1 (5) bear「産む」の過去分詞は born。

(8) shut「閉じる」の過去分詞は shut。

(10) 使役動詞の受動態

(11) 未来形の受動態

□ **2** 日本文に合うように（　）に適切な語を書きなさい。

(1) この本は多くの人に読まれるだろう。

This book (　　) (　　) (　　) by many people.

(2) 私の父は私の成績に満足していない。

My father is (　　) (　　) (　　) my grade.

(3) その先生はだれからも尊敬されている。

The teacher (　　) (　　) (　　) (　　) by everybody.

(4) そのグラスはワインで満たされていた。

The glass (　　) (　　) (　　) wine.

(5) 彼の名はこの町中のすべての人に知られている。

His name (　　) (　　) (　　) everyone in this town.

(6) この本はよく売れる。

This book (　　) (　　).

(7) マイクはその店に入るのを見られた。

Mike was (　　) (　　) (　　) the store.

↳ **2** (3) 群動詞の受動態は1つの他動詞としてまとめて扱う。

(6) sell は他動詞だと「～を売る」だが，自動詞だと「売れる」という自発の意味を持つ。

□ **3** 次の各組の文が同じ内容になるように（　）に適語を書きなさい。

(1) Their eyes were fixed on the new machine.
(　　) (　　) their eyes on the new machine.

(2) They are (　　) my car at the garage now.
My car (　　) (　　) repaired at the garage now.

(3) I was given a new dress by my aunt.
My aunt (　　) (　　) a new dress.

(4) They say that she was a famous actress.
(　　) (　　) (　　) that she was a famous actress.

↳ **3** (2) 進行形の受動態

(4) 形式主語 it を用いた受動態

□ **4** 次の各組の文が同じ内容になるように，与えられた書き出しに続けて英文を完成しなさい。

(1) My father scolded me when I told a lie.
I got ....

(2) My wallet was stolen last Friday.
I had ....

(3) The movie didn't interest him at all.
He ....

↳ **4** (2) 「have[get]＋目的語＋過去分詞」の形は使役や被害を表すときに受け身の意味をもつ。

8 不定詞①

解答▸別冊P.4

POINTS

1 He decided **to climb** Mt. Fuji by himself.　彼はひとりで富士山に登ることを決意した。

2 Would you like something cold **to drink**?　何か冷たい飲み物はいかがですか。

3 The boy grew up **to be** a doctor.　その少年は成長して医者になった。

不定詞には，「**to＋動詞の原形**」の形で表す**to不定詞**と，原形不定詞がある。to不定詞は，文中で**名詞・形容詞・副詞**のいずれかの働きをする。

1 名詞的用法「**～すること**」の意味で，文中で目的語，主語，補語になる。（POINTS 1）

〈**目的語**〉I want **to play** the violin.　（私はバイオリンをひきたい〈ひくことを欲する〉。）

〈**主　語**〉**To play** the violin is my hobby.　（バイオリンをひくことは，私の趣味だ。）

〈**補　語**〉My hobby is **to play** the violin.　（私の趣味はバイオリンをひくことだ。）

2 形容詞的用法「**～ するための**」の意味で，不定詞が直前の名詞を修飾する。（POINTS 2）

I have few friends **to talk** with.（私には話す友達がほとんどいない。）

> talk with ～, live in ～のように通常前置詞を伴う動詞を不定詞として用いるときは，with や in を忘れずにつけて「不定詞＋前置詞」の形にすることに注意しよう。

3 副詞的用法「**～するために，～ して，～するとは**」などの意味で，目的や結果，感情の原因，判断の理由を表す。また，形容詞や副詞を修飾する働きもある。（POINTS 3）

〈**目　的**〉He went to the shop **to buy** a pen.　（彼はペンを買うために店へ行った。）

〈**結　果**〉Lisa grew up **to be** a teacher.　（リサは成長して教師になった。）

〈**感情の原因**〉She'll be glad **to see** you.　（彼女はあなたに会って喜ぶだろう。）

〈**判断の理由**〉You're crazy **to swim** in this rain.　（この雨の中を泳ぐとは君は正気ではない。）

> to不定詞以下を否定するときは，to の前に not か never をつける。
> I told him **not to be** late for school.（私は彼に学校に遅れないようにと言った。）

□ **1** ｛　｝内から適切なものを選びなさい。

(1) I wanted something ｛reading,　to read,　read｝.

(2) She didn't want ｛staying,　to stay,　stayed｝ at the hotel.

(3) My brother doesn't know ｛to ski,　what to ski,　how to ski｝.

(4) It is easy ｛for,　of｝ him to solve the problem.

(5) I studied hard only ｛to fail,　to pass｝ in the exam.

(6) I don't know ｛how,　whether｝ to tell him the secret or not.

(7) Mark was surprised ｛at,　in,　to｝ see the man again.

(8) It is kind ｛for,　of,　to｝ you to help her.

(9) I don't have a CD to listen ｛of,　for,　to｝.

(10) He told me ｛to not,　not to,　don't to｝ open the door.

Check

▶疑問詞＋to不定詞

how to ～，what to ～，where to ～，when to ～などの名詞句も，不定詞の名詞的用法で，文の目的語になる。

□ **2** 日本文に合うように（ ）に適切な語を書きなさい。

(1) 私は彼になるべく早く来てほしいと頼んだ。

I asked him (　　　) (　　　) as soon as possible.

(2) 彼はそのコンピュータの使い方を知らなかった。

He didn't know (　　　) (　　　) (　　　) the computer.

(3) 私たちは家に帰れてとてもうれしい。

We are so (　　　) (　　　) be back home.

(4) その歌を歌うことはあなたにとって難しいですか。

(　　　) (　　　) (　　　) for you to sing that song ?

(5) 彼女は目が覚めると病院にいた。

She woke up (　　　) (　　　) herself in a hospital.

(6) 彼には助けてくれる人がいない。

He has no one (　　　) (　　　) him.

↳ **2** (4)「…することは～だ」と言うとき，英語では主語が長くなるのを避けるため，It is ～ to ... と形式主語の It を使って文を作ることが多い。to 以下が真主語。

□ **3** 次の各組の文が同じ内容になるように（ ）に適語を書きなさい。

(1)
He hoped that he would win the game.
He hoped (　　　) (　　　) the game.

(2)
(　　　) understand his words was not easy (　　　) me.
(　　　) was difficult (　　　) me (　　　) understand his words.

(3)
She grew up and became a music teacher.
She grew up (　　　) (　　　) a music teacher.

(4)
Studying English is the most important thing.
The most important thing (　　　) (　　　) study English.

↳ **3** (2) 主語を形式主語に置きかえる。

(3) 結果を表す副詞的用法

□ **4** 日本文に合うように｛ ｝内の語を並べかえなさい。

(1) 私は彼女の演奏を聞いて驚いた。

｛amazed, performance, hear, I, to, was, her｝.

....

(2) あなたは私にだれと話してほしいのですか。〔大阪産業大〕

｛to, you, speak, who, do, me, with, want｝?

....

(3) かばんを置き忘れるとは，不注意だ。

｛careless, it, you, is, bag, leave, of, your, to｝.

....

↳ **4** (2) want＋人＋to ～「…に～してもらいたいと思う」

(3) 形式主語の文

9 不定詞②

解答▸別冊P.5

POINTS

1 My mother **made** me **wash** the dishes. 母は私に皿を洗わせた。

2 She **seems to have visited** her son in the USA. 彼女は米国にいる息子を訪れたようだ。

3 He is **old enough to understand** the matter. 彼はその問題を理解してもよい年齢だ。

1 原形不定詞 **toのつかない不定詞**を原形不定詞という。see, hearのような知覚動詞，make, haveのような使役動詞などが，「S＋V＋O＋原形不定詞」の形で原形不定詞をとる。(POINTS 1)

〈知覚動詞〉 I **saw her go** into the library. (私は彼女が図書館に入って行くのを見た。)

〈使役動詞〉 He **made his son carry** the bag. (彼は息子にそのかばんを運ばせた。)

> これらの知覚動詞・使役動詞が受動態の文で用いられるときは，原形不定詞はto不定詞となる。
> 例：She **was seen to go** into the library. / His son **was made to carry** the bag.
> ただし，使役動詞のhaveやletは受動態を作れない動詞なので，気をつけよう。

2 完了不定詞 to不定詞は通常，述語動詞が表す時かそれより未来のことを表すが，述語動詞の表す時より以前のことを表す場合は，**「to have＋過去分詞」**の形をとる。(POINTS 2)

He seems **to have been** busy. (＝ It seems that he was[has been] busy.)

(彼は忙しかったようだ。)

3 不定詞を含む慣用表現 以下のような例があげられる。

① to不定詞を含むもの… too ～ to ...（あまりに～なので…できない），come[get] to ～（～するようになる），in order to ～（～するために）など(POINTS 3)

② 原形不定詞を含むもの… had better ～（～した方がよい），would rather ～ than ...（…するより～したい），do nothing but ～（～ばかりする）など

③ 独立不定詞（ひとまとまりで意味を持つもの）…to tell the truth（実を言うと），to begin with（まず初めに），strange to say（奇妙なことに），to be honest（正直に言うと）など

□ **1** 次の文の（　）の中に入れるのに最も適切な語を，下の｛　｝より選んで記号で書きなさい。それぞれ一度ずつしか使えません。また，いずれの語も使わない場合は×を書きなさい。

(1) I was (　　　) tired to finish my homework.

(2) To begin (　　　), you should buy the book.

(3) You had (　　　) leave for Osaka now.

(4) She heard her baby (　　　) cry.

(5) I'll get someone (　　　) put the cup away.

(6) To be (　　　) with you, I don't like that man.

｛ア to　イ honest　ウ but　エ too
オ better　カ with　キ help　ク sure｝

Check

1 (1)「あまりに～なので…できない」
(3)「～した方がよい」
(4)「赤ちゃんが泣くのを聞いた」
(5) get＋O＋to不定詞
(6)「正直に言うと」

□ **2** ｛ ｝内から適切なものを選びなさい。

(1) I felt someone ｛touch, to touch｝ me.
(2) I was made ｛to clean, clean｝ the classroom.
(3) My father let me ｛know, to know｝ the truth.
(4) Please don't make me ｛to drink, drink｝ beer so much.
(5) I'll have her ｛to help, help｝ her brother.
(6) They were seen ｛to play, play｝ soccer on the street.
(7) To ｛tell, speak｝ the truth, I've never been to Kyoto.
(8) I am proud to ｛have won, win｝ the prize.

↳ **2** (2)(6) 知覚動詞。使役動詞はあとに原形不定詞をとるが，受動態になるとto不定詞をとる。

(7) 「実を言うと」

(8) 賞をとったのはいつかを考える。

□ **3** 次の各組の文が同じ内容になるように（ ）に適語を書きなさい。

(1) The boy was so coward that he couldn't swim in the river.
The boy was (　　　) coward (　　　) swim in the river.

(2) It seems that Tom was sick in bed yesterday.
Tom seems (　　　)(　　　)(　　　) sick in bed yesterday.

(3) She left home early. She didn't want to be late.
She left home early in (　　　)(　　　)(　　　) be late.

(4) I saw her yesterday. She went into the supermarket.
I saw her (　　　)(　　　) the supermarket yesterday.

(5) He was so kind that he led the old lady to the store.
He was kind (　　　)(　　　)(　　　) the old lady to the store.

↳ **3** (1) coward「臆病な」

(2) 完了不定詞を用いる。

(3) 「～しないように」

(4) 知覚動詞seeは原形不定詞をとる。

(5) 「～するのに十分…」

□ **4** 日本文に合うように ｛ ｝内の語句を並べかえなさい。

(1) ジョンは息子に車を洗わせた。
｛son, the, wash, John, his, had, car｝.

....

(2) メアリーは赤ちゃんを起こさないように静かに入って来た。
｛the baby, so, quietly, came in, as, wake, to, not, Mary｝.

....

(3) ひょっとして彼がだれか知っているのですか。
｛know, who, you, is, to, do, he, happen｝?

....

↳ **4** (1) haveは使役動詞としても使われる。

(2) so as to ～「～するために」

(3) happen to ～「たまたま～する」間接疑問文の語順に注意する。

10 動名詞①

解答▸別冊P.5

POINTS

1 **Drawing** pictures is difficult for me. 絵を描くことは私には難しい。

2 I forgot **having seen** the man before. 私はその男の人に以前会ったのを忘れていた。

3 I don't like **being disturbed** while reading. 私は読書中にじゃまされるのが好きではない。

動名詞とは，**動詞に ing をつけたもの**で，**「〜すること」**の意味で名詞と動詞の両方の性質を持つ。

1 動名詞の用法 名詞の働きをし，文の**主語**，**補語**，**目的語**，**前置詞の目的語**になる。（POINTS 1）

〈主　語〉 **Traveling** by train is my hobby. （列車で旅行することは，私の趣味だ。）

〈補　語〉 My hobby is **traveling** by train. （私の趣味は，列車で旅行することだ。）

〈目的語〉 I like **traveling** by train. （私は，列車で旅行することが好きだ。）

〈前置詞の目的語〉 I'm interested in **traveling** by train.
（私は，列車で旅行することに興味がある。）

> 動名詞は動詞としての性質も持つので，目的語や補語をとったり副詞で修飾されたりもする。
> 〈副詞で修飾される文〉 **Getting** up *early* is good for health.（早起きは健康に良い。）
> 〈目的語をとる文〉 He is famous for **making** *troubles*.（彼は問題を起こすことで有名だ。）

2 動名詞の完了形 述語動詞より以前のことを表すときは**「having ＋過去分詞」**を使う。（POINTS 2）

I'm proud of **having been** brave then.（私はそのとき勇敢だったことを誇りに思っている。）

3 動名詞の受動態 「〜されること」の意味で**「being ＋過去分詞」**で表される（POINTS 3）。述語動詞より以前のことを表すときは，**「having been ＋過去分詞」**の形になる。

I don't like **being scolded**. （私は叱られることが好きではない。）

I'm ashamed of **having been scolded**. （私は叱られたことが恥ずかしい。）

> 動名詞以下を否定するときは，前に not か never をつける。
> He often complains of **not having** enough money.（彼はよく十分なお金がないことに不平を言う。）

□ **1** 次の各文の（　）の動詞を適切な形にかえなさい。ただし，1語とは限りません。

(1) I am sorry for (break) the glass yesterday. ＿＿＿＿

(2) She is interested in (cook). ＿＿＿＿

(3) He went out without (say) good-bye to me. ＿＿＿＿

(4) Mary is afraid of (die). ＿＿＿＿

(5) My car needs (wash). ＿＿＿＿

(6) I regret (steal) his money yesterday. ＿＿＿＿

(7) I will be punished for (do) wrong last night. ＿＿＿＿

(8) Would you mind (lend) me your camera ? ＿＿＿＿

(9) She went out without (see) by anybody. ＿＿＿＿

Check

1 (1) yesterday とあるので完了形に。
(3)「〜することなしで」
(5) need ＋動名詞「〜されることを必要とする」
(7) last night に注目。
(8) Would you mind 〜?「〜してくださいませんか」

□ **2** 日本文に合うように（　）に適切な語を書きなさい。

⑴ 彼女は私が入って行くとギターをひくのをやめた。
She stopped (　　　) (　　　) (　　　) when I came in.

⑵ 彼はそのコンピュータを壊したことを否定した。
He denied (　　　) (　　　) the computer.

⑶ 刺身は食べる前に醤油につける。
Sashimi is dipped in soy sauce (　　　) (　　　) (　　　).

⑷ 私はその老婦人を手助けしなかったことを恥じている。
I am ashamed of (　　　) (　　　) (　　　) the old lady.

⑸ ジェニーはその本を読み終わったのですか。
Has Jenny (　　　) (　　　) the book ?

↳ **2** ⑴ stop ～ing「～するのをやめる」
⑵ deny ～ing「～することを否定する」
⑶「食べられる前に」と考える。
⑷ be ashamed of ～ing「～することを恥ずかしく思う」

□ **3** 次の各組の文が同じ内容になるように（　）に適語を書きなさい。

⑴ Be careful when you select a book for your children.
Be careful in (　　　) a book for your children.

⑵ I don't like to be interrupted while I am talking.
I don't like (　　　) (　　　) while I am talking.

⑶ He insisted that he had not said so.
He insisted (　　　) (　　　) (　　　) (　　　) so.

⑷ To play tennis is interesting to her.
She is interested (　　　) (　　　) tennis.

⑸ Did he regret that he hadn't seen the movie ?
Did he regret (　　　) (　　　) (　　　) the movie ?

↳ **3** ⑵ interrupt「～をじゃまする」
⑶ insist on ～「～を主張する」
否定＋完了の動名詞
⑷ be interested in ～「～に興味がある」
⑸ regret「後悔する」

□ **4** 意味が通る英文になるように，次の各文の｛ ｝内の語句を並べかえなさい。

⑴ ｛enjoyed, father, TV, watching, my, on, soccer｝.

....

⑵ ｛for, for, I, scolded, will, being, late, the class, be｝.

....

⑶ ｛being, got, insulted, he, at, angry｝.

....

↳ **4** ⑴ enjoy ～ing「～することを楽しむ」
⑶「彼は侮辱されていることに対して怒った」

11 動名詞②

解答▸別冊P.6

POINTS

1 She insisted on **my taking** part in the meeting.　彼女は私がその会合に出るよう主張した。

2 I **finished reading** the book last night.　私は昨夜その本を読み終えた。

3 **It is no use telling** a lie to my mother.　母にうそをついてもむだだ。

1 動名詞の意味上の主語 文の主語と動名詞の意味上の**主語が一致しない場合**は，**意味上の主語**を所有**格**または**目的格**の形で，**動名詞の前**に置く（POINTS 1）。動名詞が主語になる文では，意味上の主語には所有格を使う。また，主語が一致する場合や言わなくてもわかる場合は，省略する。

〈一致する場合〉 I am sure of **winning** the race.（私はレースに勝つと確信している。）

〈一致しない場合〉 I am sure of **his**［**him**］**winning** the race.（私は彼がレースに勝つと確信している。）

> 動名詞の意味上の主語が無生物の場合は，そのままの形で動名詞の前に置く。
> I am sure of **the news being** true.（私はそのニュースが本当だと確信している。）

2 動名詞と不定詞 動名詞も不定詞も文の目的語になるが，動詞によってどちらをとるかは異なる（POINTS 2）。どちらも目的語にとれる動詞もあるが，意味がかわるものもあるので注意しよう。

① **動名詞のみをとる動詞**…avoid, enjoy, finish, mind, practice, deny, give up など

② **不定詞のみをとる動詞**…wish, hope, decide, expect, pretend, ask, promise など

③ **両方をとる動詞**…意味がかわらないもの：like, begin, start, continue, fear, prefer など
　　意味がかわるもの：forget, remember, regret, try など

〈動名詞〉 I remember **writing** to her.（私は彼女に手紙を書いたのを覚えている。）…**すでに書いた**

〈不定詞〉 I remember **to write** to her.（私は彼女に忘れずに手紙を書く。）…**これから書く**

3 動名詞を含む慣用表現 on ～ing（～するやいなや），in ～ing（～することにおいて，～するとき），be worth ～ing（～する価値がある），cannot help ～ing（～せざるをえない），feel like ～ing（～したい気がする），There is no ～ing（～することができない）など

□ **1** 次の文の（　）の中に入れる最も適切な語を下の｛　｝より選んで記号で書きなさい。それぞれ一度ずつしか使えません。

(1) She gave (　　　) seeing the famous singer.

(2) Do you (　　　) my smoking here ?

(3) It goes (　　　) saying you are welcome to use my car.

(4) (　　　) hearing her words, he got angry.

(5) Be careful (　　　) choosing your friends.

(6) I'm looking forward (　　　) hearing from my daughter.

(7) I'm ashamed (　　　) my son being a part-time worker.

｛ア like　イ of　ウ up　エ in　オ on
カ mind　キ to　ク without｝

Check

1 (1)「～するのをあきらめた」
(2)「～しても構いませんか」
(3)「言うまでもなく～」
(5)「～するとき」
(7)「～するのを恥ずかしく思う」

□ **2** 日本文に合うように（ ）に適切な語を書きなさい。

(1) 私のネコが車にひかれるのではないかと恐れている。

I'm (　　) (　　) my cat (　　) hit by a car.

(2) 今夜はクラシック音楽を聞きたい気分だ。

I feel (　　) (　　) to classical music tonight.

(3) 数学の宿題をするのを忘れないようにしなさい。

Don't (　　) (　　) (　　) your math homework.

(4) 彼女は昨年お金を盗まれたことを忘れている。

She has forgotten her money (　　) (　　) (　　) last year.

(5) 北海道は一生に一度は訪れる価値がある。

Hokkaido is (　　) (　　) at least once in your life.

(6) 彼は私が彼らと話すことを好まない。

He doesn't like (　　) (　　) with them.

(7) 私はフランス語を勉強することが好きだ。

I am (　　) (　　) studying French.

↳ **2** (3)「～することを忘れる」forget to ～
(4)「～したことを忘れる」forget ～ing
(6) 動名詞の主語は？

□ **3** 次の各組の文が同じ内容になるように（ ）に適語を書きなさい。

(1) I am proud that my son got the prize.
I am proud of (　　) (　　) (　　) (　　) the prize.

(2) He can play the guitar well.
He (　　) (　　) (　　) playing the guitar.

(3) It is certain that he will win.
I am certain of (　　) (　　).

(4) It is impossible to know what will happen tomorrow.
There (　　) (　　) telling what will happen tomorrow.

↳ **3** (1)～(3) 動名詞を使って書きかえる。意味上の主語に注意する。
(2)「～するのが上手だ」
(3)「～するのを確信している」
(4)「～することができない」

□ **4** 次の各文を（ ）内の指示にしたがって書きかえなさい。

(1) She found a big dog when she came into the garden.
(coming を使って)

....

(2) It is useless to argue with him.（動名詞を使って）

....

(3) I could not but laugh at the scene.（help を使って）

....

↳ **4** (2) argue with ～「～と議論する」

12 分 詞

解答▸別冊P.7

POINTS

1 Do you know the boy **running** over there ?　あそこで走っている少年を知っていますか。
2 What is the language **spoken** in Brazil ?　ブラジルで話されている言語は何ですか。
3 **Being tired**, she didn't go to the party.　疲れていたので，彼女はパーティーに行かなかった。

分詞には**現在分詞**と**過去分詞**がある。分詞は，**進行形・受動態・完了形**に使われる動詞的な性質を持つほか，**名詞を修飾**したり**補語**になったりする形容詞的な性質や，**分詞構文**として副詞的な性質を持つ。

1 名詞を修飾する用法（限定用法） 現在分詞・過去分詞ともに，**単独で**名詞を修飾するときは**名詞の前**に，**語句を伴って**名詞を修飾するときは**句**として**名詞の後ろ**に置かれる。

① **現在分詞…動詞のing形**で，**「～している…」**という意味を持つ。（POINTS 1）
the **sleeping** dog（眠っている犬）/ the dog **sleeping** there（そこで眠っている犬）

② **過去分詞…動詞の過去分詞形**で，**「～された[した]…」**という意味を持つ。（POINTS 2）
the **broken** chair（壊れた椅子）/ the chair **broken by him**（彼によって壊された椅子）

2 補語としての用法（叙述用法） 現在分詞・過去分詞ともに，S+V+C の文で主語の状態や動作を説明するか，S+V+O+C の文で目的語の状態や動作を説明する補語として使われる。

〈S+V+C〉　We kept **standing** for two hours.（私たちは２時間立ち続けた。）
〈S+V+O+C〉　He heard her **singing**.（彼は彼女が歌っているのを聞いた。）

3 分詞構文 分詞が，**動詞**と**接続詞**の働きをかねて**副詞句**になる形を分詞構文という。表す意味には，**「時」「原因・理由」「付帯状況（～しながら）」「条件」「譲歩」**などがある。（POINTS 3）

1．分詞構文の否定文は，前に not か never をつける。
Not being tired, I went to the party.（疲れていなかったのでパーティーに行った。）
2．完了や述語動詞よりも以前を表すときは，完了形を用いる。
Having finished my homework, I went out.（宿題が終わったので出かけた。）

□ **1** 次の各文の（　）内の動詞を現在分詞か過去分詞にかえなさい。

(1) Who is the girl (talk) with Mr. Mori ?　＿＿＿＿
(2) I received a letter (write) in German.　＿＿＿＿
(3) He got (confuse) and forgot what to say.　＿＿＿＿
(4) The (cry) baby was under the tree.　＿＿＿＿
(5) The (lose) bag was my favorite one.　＿＿＿＿
(6) He kept me (wait) in front of the door.　＿＿＿＿
(7) You must not leave your baby (cry).　＿＿＿＿
(8) (Listen) to the music, he fell asleep.　＿＿＿＿
(9) Not (know) what to say, he remained silent.　＿＿＿＿

Check

1 (1)～(7)「～している」という意味になるときは現在分詞，「～された［した］」という意味になるときは過去分詞にする。

(8) 付帯状況を表す。
(9) 理由を表す。

□ **2** 次の各組の文が同じ内容になるように（　）に適語を書きなさい。

(1) The lady who is listening to music is his mother.
The lady (　　　) (　　　) music is his mother.

(2) How many leaves which have fallen can you find ?
How many (　　　) (　　　) can you find ?

(3) Somebody broke into his house last night.
He had (　　　) (　　　) (　　　) into last night.

(4) I want someone to fix the radio in a week.
I want to (　　　) (　　　) (　　　) (　　　) in a week.

(5) Because he was sick in bed, he couldn't attend the meeting.
(　　　) (　　　) in bed, he couldn't attend the meeting.

(6) It being fine, we went on a picnic.
As (　　　) (　　　) (　　　), we went on a picnic.

↳ **2** (1)「音楽を聞いている婦人」
(3) break into ～「～に押し入る，侵入する」
(3)(4)「have＋目的語＋過去分詞」には２つの用法がある。
①使役「…を～させる(～してもらう)」
②受け身「…を～される」
(6) 分詞の意味上の主語は，主文の主語と異なる場合，分詞の前に置く。

□ **3** 日本文に合うように（　）に適切な語を書きなさい。

(1) 財布を家に置いてきてしまったので，私はそれが買えない。
(　　　) (　　　) my purse at home, I cannot buy it.

(2) １か月前に盗まれた絵画は，まだ見つかっていない。〔亜細亜大〕
The paintings (　　　) one month ago (　　　) been found yet.

(3) その少女は新しいドレスが気に入っているようだった。
The girl looked (　　　) (　　　) her new dress.

(4) 簡単な英語で書かれているので，この本は初心者にふさわしい。
(　　　) in easy English, this book is suitable for beginners.

(5) 一般的に言って，少女たちは少年たちよりもおしゃべりである。
(　　　) (　　　), girls are more talkative than boys.

↳ **3** (1) 分詞構文の時制に注意。
(3)「喜ばせる」という意味の please を適切な形にして用いる。
(4) Being が省略された分詞構文。
(5) 分詞構文の慣用的な表現

□ **4** 日本文に合うように｛　｝内の語を並べかえなさい。

(1) あなたはその虫歯を抜いてもらう方がよい。
｛tooth, better, you, out, have, had, pulled, bad, that｝.

(2) 語学の才能があるとわかっていたので，彼は通訳としての教育を受けることを決意した。
｛talent, he, a, languages, that, realizing, had, for｝, he decided to train as an interpreter.

↳ **4** (2) realize「自覚する」, talent「才能」

13 助動詞

解答▸別冊P.7

POINTS

1	You **must** speak English in the class.	あなたは授業中英語を話さねばならない。
2	He **should have** followed the leader.	彼はリーダーに従うべきだった。
3	You **may well** get angry with him.	あなたが彼に腹を立てるのももっともだ。

助動詞は，動詞の原形の前に置かれて，**意味を動詞に付加する働き**をする。助動詞の否定文は**「主語＋助動詞＋ not ＋動詞の原形〜.」**，疑問文は**「助動詞＋主語＋動詞の原形〜 ?」**の形になる。

1 助動詞とその意味 助動詞には以下のようなものがあり，さまざまな意味を持つ。

① **can**（could）…**能力**「〜できる」（= be able to 〜），**許可**「〜してもよい」，**依頼**「〜してくれますか？」（疑問文の形），**可能性**「〜がありうる」，**否定的推量**「〜であるはずがない」

② **may**（might）…**許可**「〜してもよい」，**推量**「〜かもしれない」，**祈願**「〜しますように」

③ **must**…**必要・義務・命令**「〜しなければならない」（= have to 〜），**推量**「〜に違いない」
過去形は had to 〜，未来形は will have to 〜の形をとる。

④ **will**（would）…**未来**「〜だろう」，（強い）**意志**「（どうしても）〜する」，**推量**「〜だろう」，**依頼**「〜してくれますか？」（疑問文の形），**習慣的行為**「（よく）〜する」

⑤ **should**…**必要・義務**「〜すべきだ」（= ought to 〜），**当然の推量**「〜のはずだ」
感情・判断などを表す文や，その文の that 節の中で使われる。

2 助動詞＋have＋過去分詞 現時点での**過去への推量**を表すものと，**過去への後悔**を表すものがある。

① **過去への推量**… may[might，could] have＋過去分詞「〜したかもしれない」，must have＋過去分詞「〜したに違いない」，cannot[can't] have＋過去分詞「〜したはずがない」

② **過去への後悔**…should[ought to] have＋過去分詞「〜すべきだったのに（しなかった）」（POINTS 2），need not have＋過去分詞「〜する必要はなかったのに（してしまった）」

3 助動詞を含む慣用表現 would like 〜「〜したい」，may well 〜「〜するのももっともだ」，would rather 〜 than ...「…するより〜した方がよい」，cannot help 〜ing「〜せざるを得ない」

> 助動詞の働きをする慣用表現：had better 〜「〜する方がよい」，used to 〜「〜したものだ」など

□ **1** 次の文の（ ）の中に入れる最も適切な語を下の｛ ｝より選んで記号で書きなさい。それぞれ，一度ずつしか使えません。

Check

(1) It (　　　) snow tonight. It's getting so cold !

(2) The boy (　　　) go to the dentist.

(3) We (　　　) visit our aunt's house in our childhood.

(4) (　　　) I use your pen ? — Sure. Here you go.

(5) Cars (　　　) not be parked in front of the entrance.

(6) (　　　) you like some more tea ?

(7) I (　　　) have seen him. He has gone to the USA.

｛ア can　イ should　ウ must　エ used to　オ won't
カ may　キ would｝

↳ **1** (2)「どうしても〜しようとしない」
(3)「以前はよく〜した」childhood「子ども時代」

□ **2** 日本文に合うように，（　）に適切な語を書きなさい。

(1) そんなことを言うとは，彼は正直な人であるはずがない。

He (　　　) (　　　) an honest man to say such a thing.

(2) 私たちは先生の話を注意深く聞くべきだ。

We (　　　) (　　　) listen to the teacher carefully.

(3) あなたはそのニュースを聞いてびっくりしたに違いない。

You (　　　) (　　　) (　　　) surprised to hear the news.

(4) 手を貸していただけませんか。―もちろんいいですよ。

Would (　　　) lend me a hand ? ― Certainly I (　　　).

(5) 私はテレビを見るよりも本を読む方がいい。

I (　　　) (　　　) read a book (　　　) watch TV.

(6) 彼女が嘘をついたなんて驚きだ。

I'm surprised that she (　　　) have told a lie.

↳ **2** (1) 否定的推量
(2) 「～すべきだ」を２語で表す。
(3) 現時点での過去への推量
(4) wouldは丁寧な依頼を表す。
(5) 慣用表現
(6) 感情を表す文のthat節の中で使われる助動詞

□ **3** 次の各組の文が同じ内容になるように（　）に適語を書きなさい。

(1) Perhaps she missed the bus. She is so late.
She may (　　　) (　　　) the bus. She is so late.

(2) I'm sure that he knows the answer of the question.
He (　　　) (　　　) the answer of the question.

(3) I don't believe she wrote the novel.
She (　　　) (　　　) (　　　) the novel.

(4) We didn't have to get up early, but we did.
We (　　　) (　　　) (　　　) up early.

↳ **3** (1) 過去への推量
(3) 「彼女がその小説を書いたはずはない」
(4) 「～する必要はなかった（のにしてしまった）」

□ **4** 日本文に合うように｛　｝内の語を並べかえなさい。

(1) 君は以前イエスタデーを聞いたことがあるはずだ。

｛heard, 'Yesterday', before, you, have, must｝.

....

(2) 彼はやりたいと思うことをする方がいい。〔龍谷大〕

｛do, he, well, what, he, might, wants, as｝.

....

(3) 私たちは科学の急速な進歩に驚かざるを得ない。〔京都外国語大〕

｛help, rapid, cannot, we, being, at, progress, surprised, the｝ of science.

....

↳ **4** (1) 過去への推量「～したに違いない」
(2) might as well ～「（どうせなら）～する方がよい」
(3) 「～せざるを得ない」慣用的表現

14 比　較

解答 ▸ 別冊P.8

POINTS

1 I am **as old as** my cousin.　私はいとこと同じ歳だ。

2 She is **more beautiful than** her sister.　彼女は彼女の妹よりも美しい。

3 The Nile is **the longest** river in the world.　ナイル川は世界で一番長い川だ。

人や物の性質や状態を**比較**するときは，形容詞や副詞の**原級**，**比較級**，**最上級**を用いて表す。比較級・最上級は**規則変化**するものと，good-better-best のように**不規則変化**するものがある。

1 原級の用法 **A ～ as＋原級＋as B「A は B と同じくらい～だ」**の形で同等を表す。（POINTS 1）

〈否定文〉 I'm **not as old as** my cousin.　（私はいとこほど歳をとっていない。）

〈倍数表現〉 I'm **three times as old as** my cousin.　（私はいとこの３倍の年齢だ。）

> 慣用表現… as＋原級＋as possible「できるだけ～」，as＋原級＋as any「どれ[だれ]にも劣らず」，not so much ～ as[but]...「～よりはむしろ…」，not so much as ～「～さえしない」など

2 比較級の用法 2つの物を比べるときに，**A ～＋比較級＋ than B「A は B よりも～だ」**の形で表す。比較級は，原級の語尾に er をつけるか，前に more をつけて作る（POINTS 2）。またラテン語系の語 superior，inferior，senior，junior などでは than ではなく to を使う。

> 慣用表現… the＋比較級～，the＋比較級…「～すればするほど，ますます…」，比較級＋and＋比較級「ますます～」，no more ～ than ...「…と同じように～ではない」，no longer「もはや～ない」など

3 最上級の用法 3つ以上の物を比べるときに，**A ... the ＋最上級＋ of[in] ～「A は～の中で最も…だ」**の形で表す。副詞の最上級には the をつけないこともある。最上級は，原級の語尾に est をつけるか，前に most をつけて作る。（POINTS 3）

> 慣用表現…at most[best]「せいぜい」，make the most of ～「～を最大限利用する」，at least「少なくとも」，not in the least「少しも～ しない」など

□ **1** ｛ ｝内から適切なものを選びなさい。

(1) This camera is ｛the most，more｝ expensive than that one.

(2) Tom runs the fastest ｛in，of，to｝ our class.

(3) Jane is the ｛young，younger，more young｝ of the two.

(4) She is three years ｛older，senior｝ to me.

(5) I like dogs ｛a most，best，the better｝ of all animals.

(6) I am three times as ｛old，older，the oldest｝ as Tom.

(7) Which do you like ｛more，better｝, *sushi* or *tempura* ?

(8) They are going from bad to ｛bad，worse，worst｝.

(9) I prefer English ｛than，for，to｝ mathematics.

(10) This plan reflected more or ｛least，less，little｝ his opinion.

Check

1 (3) the＋比較級＋of the two「2つのうちでより～」
(4) than ではなく to を用いる。
(10)「多かれ少なかれ」

□ **2** 日本文に合うように（　）に適切な語を書きなさい。

(1) 健康ほど大切なものはない。

(　　　) is (　　　) important than health.

(2) 日本の子どもの数はますます少なくなっている。

There are (　　　) (　　　) (　　　) children in Japan.

(3) 金ほど価値のある金属はない。

(　　　) other metal is (　　　) valuable as gold.

(4) 彼女はできるだけすばやく昼食を食べた。

She ate lunch (　　　) quickly as (　　　).

(5) 彼は学者というよりは作家だ。

He is not (　　　) (　　　) a scholar as a writer.

↳ **2** (1) than から比較級の文と考える。

(2) 「ますます〜」は比較級＋and＋比較級

(3) 「他のどの金属も金ほど価値があるものではない」

(5) 「〜というより…」

□ **3** 次の各組の文が同じ内容になるように（　）に適語を書きなさい。

(1) I have half as many CDs as he does.
He has (　　　) (　　　) many CDs as (　　　) (　　　).

(2) No other mountain in Japan is higher than Mt. Fuji.
Mt. Fuji is higher than (　　　) (　　　) mountain in Japan.

(3) I've never seen such great magic as this.
This is (　　　) (　　　) magic I've (　　　) seen.

(4) In Japan baseball is more popular than tennis.
In Japan tennis is (　　　) as popular (　　　) baseball.

↳ **3** (1) 「私は彼の半分の CD を持つ」＝「彼は私の２倍の CD を持つ」

(4) 「〜ほど…でない」

□ **4** 日本文に合うように ｛ ｝ 内の語を並べかえなさい。

(1) 高く登って行くほど，ますます寒くなる。

｛go, the, higher, it, we, up, the, becomes, colder｝.

(2) 彼は私が雇った中で最も無能な男だ。 〔帝京大〕

｛is, man, the, capable, he, least｝ I have ever employed.

(3) 渓流の冷たい水ほどすがすがしいものは無い。

｛refreshing, is, cold, more, nothing, than｝ water from a mountain stream.

(4) これは私が今まで読んだ中で断然最高の本だ。

｛I've, book, is, read, very, this, the, ever, best｝.

↳ **4** (1) 「the＋比較級〜，the＋比較級…」で表す。

(2) capable「有能な」least は little の最上級で，the least 〜は「最も〜でない」

(4) 最上級を強調する veryの用法

復習問題 ❷ 7〜14単元

□ **1** 日本文に合うように（ ）に適切な語を書きなさい。

(1) 彼は試験の結果に満足した。

He (　　　) (　　　) (　　　) the result of the examination.

(2) 彼らは私が報告書の作成を手伝うことを期待していた。

They (　　　) (　　　) (　　　) help them with their report.

(3) 私は夕食を作っている母の手伝いをするのに忙しかった。

I was (　　　) (　　　) my mother making dinner.

(4) あなたがその会議に出なかったのは賢明だった。〔龍谷大〕

(　　　) was wise (　　　) (　　　) (　　　) avoid that meeting.

(5) どうしていいのかわからず，その少女は泣き始めた。

(　　　) (　　　) what (　　　) (　　　), the girl began to cry.

(6) 私の母がそんな難しい本を買ったはずはない。

My mother (　　　) (　　　) (　　　) such a difficult book.

(7) 彼は図書館を訪れると必ずその本を読む。

He (　　　) visits the library (　　　) (　　　) the book.

□ **2** 次の各組の文が同じ内容になるように（ ）に適語を書きなさい。

(1) Will you show me a picture of your father ?
Would you (　　　) (　　　) me a picture of your father ?

(2) The boy was so honest that he gave the money back.
The boy was (　　　) (　　　) (　　　) give the money back.

(3) Did you notice that he laughed for a moment ?
Did you notice (　　　) (　　　) for a moment ?

(4) I would rather learn French than English.
I want to learn (　　　) (　　　) (　　　) English as French.

□ **3** 日本文に合うように｛ ｝内の語を並べかえなさい。

(1) その問題を心配するのは無意味である。〔近畿大〕

｛in, about, is, no, sense, there, problem, the, worrying｝.

....

(2) 東京の物価はニューヨークよりずっと高いと言われている。〔亜細亜大〕

｛Tokyo, said, prices, higher, it, are, that, is, in, much｝ than those in New York. ....

□ **4** 次の文を（　）内の指示にしたがって書きかえなさい。

(1) As I had finished my homework, I went to the park to play soccer.（分詞構文に）

(2) She studied hard so that she would not fail in the exam.（不定詞を使って）

(3) He can run fastest in our school.（no と as を使って）

(4) My sister is five years younger than I.（比較の対象を表すのに to を使って）

(5) Someone stole his car yesterday.（He を主語にして）

□ **5** 次の英文を読み，下の問い(1)〜(5)に答えなさい。

Living in the city and living in the country require different skills. ①<u>This</u> is true for humans, of course, but also for birds. In ②<u>one study</u>, scientists took 53 birds from urban and rural areas of Barbados, one of the Caribbean islands, conducted a variety of tests, released them back into their natural surroundings, and reported their findings. The birds from urban areas were better at problem-solving tasks than the ③<u>ones</u> from rural environments. The urban birds had more capacity to resist disease than the rural ones. The researchers had expected that in（ A ）to the rural birds, the urban birds would be smarter but weaker. Being both smart and strong was thought to be unlikely.（ B ）, it seems that urban birds have it all.

(1) 下線部① This が表す内容を日本語で説明しなさい。

(2) 下線部②one study の内容に当てはまるものを下のア〜ウから１つ選びなさい。

ア　実験で使われた鳥は，バルバドスの外から持ち込まれたものである。

イ　都市部に住む鳥のほうが問題対処能力が高い。

ウ　農村部に住む鳥は都市部に住む鳥よりも丈夫で賢い。　（　　）

(3) 下線部③ones を本文中の１語で言いかえなさい。　（　　）

(4) 空所（A）に入るのに最も適当なものをア〜エから１つ選びなさい。

ア compare　イ comparison　ウ compared　エ being compared　（　　）

(5) 空所（B）に入るのに最も適当なものをア〜エから１つ選びなさい。

ア Therefore　イ Thus　ウ Accordingly　エ However　（　　）

15 関係詞①

解答▸別冊P.9

POINTS

1 The girl **who** gave me a doll was Jane. 私に人形をくれた少女はジェーンだった。

2 This is the book **which** my father gave me. これは父が私にくれた本だ。

3 **What** I need now is his advice. 私が今必要としているのは彼の助言だ。

2つの関係詞のうち**関係代名詞**は，名詞のあとに置かれ，その名詞を修飾する節を導く。修飾する前の名詞を**先行詞**といい，関係代名詞は，先行詞の**代名詞**，節を導く**接続詞**としての働きを合わせ持つ。

1 関係代名詞 who・which 先行詞が「**人**」のときは **who**，「**物・事・動物**」のときは **which** を使う（POINTS 1・2）。**主格・所有格・目的格**があり，目的格ではよく省略される。

〈**主　格**〉I know a girl **who** is talking with him. （私は彼と話している少女を知っている。）

〈**所有格**〉I know a girl **whose** mother is a doctor. （私は母親が医者の少女を知っている。）

〈**目的格**〉I know a girl **who(m)** he loves. （私は彼が愛する少女を知っている。）

> 先行詞が「物・事・動物」のときの所有格は，of which または whose を使う。
> This is a word **of which** I cannot understand the meaning.
> （これは私には意味が理解できない単語です。）

2 関係代名詞 that 先行詞が「**人・物・事・動物**」のいずれでも用いることができる。所有格はない。

① **that が使われる場合**…every・all などの数量詞や，最上級・the only・the same などの限定詞が先行詞に伴う場合。先行詞が「人と動物」などの場合。疑問代名詞 who の直後の場合。

② **that が使えない場合**…前置詞の目的語の場合。継続用法の場合。

> 関係代名詞節が，先行詞を限定的に修飾するものを限定用法[制限用法]，補足的に修飾するものを継続用法[非制限用法]という。継続用法では関係代名詞の前にコンマが入る。
> He has a son, **who** became a doctor.（彼には息子が1人いて，その息子は医者になった。）

3 関係代名詞 what the thing(s)という先行詞を含む関係代名詞で「～すること[もの]」という意味を表す。what＝the thing(s) which と表すことができる。（POINTS 3）

□ **1** ｛　｝内から適切なものを選びなさい。

(1) He gave me a book ｛whose,　which｝ he bought in London.

(2) She has a friend ｛whose,　who｝ father is a famous writer.

(3) I don't believe ｛which,　what｝ she said.

(4) He had a son ｛who,　whose｝ became a doctor.

(5) Her brother, ｛who,　that｝ lives in Tokyo, came back today.

(6) Is this the book the cover of ｛that,　which｝ was torn ?

(7) He is the richest man ｛who,　that｝ I know.

(8) I lost the game, ｛which,　who｝ made my mother sad.

(9) ｛Whoever,　Who｝ comes first can get this present.

Check

1 (2)「その父親が有名な作家である友達」

(3) 先行詞の有無を確認する。

(5) that は継続用法では使えない。

(7) 先行詞を最上級の形容詞が修飾している。

(9) whoever＝anyone who

□ **2** 日本文に合うように（　）に適切な語を書きなさい。

(1) 私はあなたが食べたのと同じ食べ物を食べた。

I ate the same food (　　　) you had eaten.

(2) これは私が聞きたかった曲だ。

This is the song (　　　)(　　　) I have wanted to listen.

(3) 私は彼女から借りた本を失くしてしまった。

I have lost the book (　　　) borrowed from her.

(4) 私はその男の人を知っているが，彼は有名な作曲家だ。

I know the man, (　　　) is a famous composer.

(5) 彼はたくさん車を持っていたが，そのすべてを売った。

He had many cars, all of (　　　) he sold.

↳ **2** (1) the same が先行詞につくときは，関係代名詞は that を用いる。
(2) 前置詞の目的語になる関係代名詞。
(3) 関係代名詞の目的格は省略されることが多い。

□ **3** 次の各組の文が同じ内容になるように（　）に適語を書きなさい。

(1) You must obey anything that he tells you.
You must obey (　　　) he tells you.

(2) Mike gave me a dress, but I don't like it very much.
Mike gave me a dress, (　　　) I don't like very much.

(3) Do you know the girl named Jenny ?
Do you know the girl (　　　)(　　　) is Jenny ?

(4) You bought the things at the shop. Show them to me.
Show me (　　　) you bought at the shop.

↳ **3** (1) 複合関係代名詞 whatever「～することは何でも」は先行詞を含んでいる。obey「従う」
(4) 先行詞が何かを考える。

□ **4** 日本文に合うように｛　｝内の語を並べかえなさい。

(1) 彼は私たちが頼りにできる唯一の男だ。

｛the, rely, man, we, only, he, on, is, that, can｝.

(2) 私は自分が正しいと思うことをした。

｛was, right, I, did, thought, what, I｝.

(3) 英語と中国語を話せる人にはより多くの仕事があるだろう。

There'll be ｛English, can, jobs, people, Chinese, who, speak, more, and, for｝.　〔亜細亜大〕

↳ **4** (1)「～を頼りにする」rely on ～
(2) I thought の入る位置がどこかを考える。
(3) people が先行詞。主格の関係代名詞の who が続く。

16 関係詞②

解答▸別冊P.9

POINTS

1 This is the park **where** I often met her. これが私がよく彼女に会った公園だ。

2 I remember the day **when** my sister was born. 私は妹が生まれた日を覚えている。

3 I don't know the reason **why** she came late. 彼女が遅れて来た理由を知らない。

もう1つの関係詞である**関係副詞**は，先行詞を修飾する節を導く**接続詞**としての働きと，先行詞を修飾する**副詞**の働きをする。関係詞節の中で，関係副詞 where は there，when は then の働きをする。

〈関係代名詞〉 the house **which** he built（彼が建てた家）　…which ＝ built の目的語

〈関係副詞〉 the house **where** he lives（彼が住む家）　…where ＝ lives を修飾する副詞

1 関係副詞 where place，city，house などの「**場所**」を表す語を先行詞とする。（POINTS 1）

The hotel **where** we will stay in Osaka is new.（私たちが大阪で滞在するホテルは新しい。）

2 関係副詞 when time，day，year などの「**時**」を表す語を先行詞とする。（POINTS 2）

Tell me the time **when** you will arrive here.（君がここに着く時間を教えてください。）

3 関係副詞 why reason などの「**理由**」を表す語を先行詞とする。（POINTS 3）

Please tell me the reason **why** you were in Osaka.（君が大阪にいた理由を教えてください。）

4 関係副詞 how the way を先行詞とする「**方法**」を表す関係副詞だが，the way how ～とはならずに，the way ～または how ～と，どちらか一方のみで表す。

This is the way. ＋ I made the box in the way.

＝ This is **the way**[**how**] I made the box.（これがその箱を作った方法だ。）

> 1．関係副詞 where と when にも，限定用法と継続用法がある。ほかは限定用法のみ。
> 2．複合関係副詞には，wherever，whenever，however があり，「強調」や「譲歩」を表す。

□ **1** 次の文の（　）の中に入れる最も適切な語を下の｛　｝より選んで記号を書きなさい。

(1) This is the place (　　　) he found the wallet.

(2) You may come here (　　　) you are free.

(3) Do you know the reason (　　　) she cried then ?

(4) I don't know (　　　) he solved the math problem.

(5) She saw Jack three days ago, (　　　) he came back.

(6) Please tell me the time (　　　) the visitor will come.

(7) This is (　　　) he discovered the truth.

(8) This is the house (　　　) he is staying.

(9) This is the house (　　　) he bought.

｛ア why　イ when　ウ where　エ how　オ whenever　カ which｝

Check

1 (1) 先行詞が場所を表す。

(2) 「～するときはいつでも～」

(3) reason「理由」が先行詞。

(5) 関係副詞の継続用法

(8)(9) 関係詞が代名詞，副詞のいずれの働きをしているか考える。

□ **2** 日本文に合うように（　）に適切な語を書きなさい。

(1) 彼女がなぜ今日は疲れているように見えるのかわかりますか。

Do you know the (　　　)(　　　) she looks tired today ?

(2) 彼は美術館を訪れたが，そこで彼女に出会った。

He visited the museum, (　　　) he met her.

(3) ４月は私が１年で最も忙しい月だ。

April is the month (　　　) I am the busiest in a year.

(4) 彼の母は彼がうそをつくたびに彼を叱った。

His mother scolded him (　　　) he told a lie.

(5) どんなに一生懸命にやっても，その試験に合格できなかった。

(　　　) hard I tried, I couldn't pass the exam.

↳ **2** (4)「～するたびに」whenever = every time
(5) however＋形容詞[副詞]～「どんなに～しようとも」＝no matter how ～

□ **3** 次の各組の文が同じ内容になるように（　）に適語を書きなさい。

(1) Please tell me the reason for which you were absent.
Please tell me the reason (　　　) you were absent.

(2) You may sit at any place where you want to.
You may sit (　　　) you want to.

(3) Christmas is the time when I like best of the year.
Christmas is (　　　) I like best of the year.

(4) I was about to reply, and then he cut in.
I was about to reply, (　　　) he cut in.

↳ **3** (1)「前置詞＋関係代名詞」を関係副詞１語で置きかえる。
(3) 先行詞が省略された形。
(4) be about to ～「まさに～しようとする」

□ **4** 日本文に合うように ｛ ｝ 内の語句を並べかえなさい。

(1) 2001年は21世紀の始まった年だ。

｛century, 2001, year, the, when, started, the 21st, was｝.

....

(2) 私たちが休暇を過ごしたホテルは美しかった。

｛holidays, hotel, was, the, beautiful, where, we, our, spent｝.

....

(3) 来たい人はだれでも連れて来ていいよ。

｛wants, may, bring, whoever, come, to, you｝.

....

↳ **4** (1)「21世紀」the 21st century
(2)「休暇を過ごす」spend one's holiday
(3) whoever は「～する人はだれでも」３人称単数扱い

17 接続詞

解答▸別冊P.10

POINTS

1 Go to the hospital, **or** you'll be in trouble soon.
病院へ行きなさい。さもないと，すぐに困ったことになりますよ。

2 I know **that** he wants to go abroad someday.
私は彼がいつか外国へ行きたいと思っていることを知っている。

3 She was sleeping **when** her mother came home.
彼女の母が帰宅したとき，彼女は眠っていた。

接続詞とは，語と語，句と句，節と節をつなぐ品詞で，**等位接続詞**と**従属接続詞**がある。

1 等位接続詞 語・句・節を，文法上，**対等な関係で結ぶ**接続詞。

① **and**，**or**，**but** …「AとB」「AかB」「AだがB」という意味で，語・句・節を結びつける。

② **for** …「…というのは～だからだ」と発言の根拠を述べる接続詞で，節のみを結びつける。

③ **so** …「それで～」と結果を述べる接続詞で，節のみを結びつける。

> **主な重要表現**…命令文＋and[or]～「…せよ。すると[さもないと]～」（POINTS 1）
> both A and B「AもBも両方」，not only A but (also) B「AだけでなくBもまた」，
> either A or B「AとBのどちらか」，neither A nor B「AもBも～ない」，
> not A but B「AではなくB」，not A, nor B「AでもないしBでもない」　など

2 従属接続詞 節と節を，文法上，**主と従の関係で結ぶ**接続詞。

① **名詞節を導く従属接続詞**…主語，補語，目的語になる節を導き，that「～するということ」（POINTS 2），whether・if「～するかどうか」などがある。

② **副詞節を導く従属接続詞**…文を修飾する節を導き，「時」「原因・理由」「条件」などを表す。

> **副詞節を導く従属接続詞(句)** …「時」: when（POINTS 3），until[till]，before，after，since，once，while 「原因・理由」: because，since，as 「条件」: if，unless 「譲歩」: though，even if，while 「結果」: so ～ that ...，such ～ that ... 「目的」: so[in order] that ～ can ...，in case ～[should] ... 「様態」: as，as if　など

□ **1** ｛ ｝内から適切なものを選びなさい。

(1) He loves Mary, ｛and, but｝ she doesn't love him.

(2) I didn't go to school ｛though, because｝ I had a cold.

(3) ｛As, Though｝ she couldn't swim, she wanted to go to the swimming pool.

(4) Wait here ｛when, until｝ it stops raining.

(5) ｛Unless, Since｝ you stop smoking now, you will be sick.

(6) I believe him ｛while, whether｝ he is guilty or not.

(7) I am sure ｛that, as｝ he will succeed.

(8) You must take care ｛so, so that｝ you won't catch a cold.

(9) The trouble is ｛that, so｝ she is sick in bed.

(10) Either Jane ｛or, nor｝ Mary can play the violin.

Check

1 (1)「しかし～」
(2) 理由を表す。
(3)「～だけれども」譲歩を表す。
(4)「～まで」
(5)「もし～しなければ」
(6) or に注目。
(8) 目的を表す。
(10)「AとBのどちらか」

□ **2** 日本文に合うように（　）に適切な語を書きなさい。

(1) 最善をつくしなさい。そうすれば成功するでしょう。

Do your best, (　　　) you will succeed.

(2) 見渡す限り，砂漠しかない。

(　　　) far (　　　) I can see, there is nothing (　　　) the desert.

(3) 彼は富だけでなく健康まで手に入れた。

He got not (　　　) wealth (　　　) also health.

(4) 私の父は酒を飲まないし，たばこも吸わない。

My father (　　　) drinks (　　　) smokes.

(5) 彼女がそこに住んでいるかどうかわかりますか。

Do you know (　　　) she lives there (　　　) not ?

↳ **2** (2)「～する限り」,「～でなく…」が両方含まれている。
(3)「AだけでなくBも」
(4)「AもBも～ない」AもBも否定の意味を表す。
(5)「～が…するかどうか」名詞節を導く。

□ **3** 次の各組の文が同じ内容になるように（　）に適語を書きなさい。

(1)
He can speak French. His wife can speak French, too.
(　　　) he (　　　) his wife can speak French.

(2)
She spoke too fast for me to understand.
She spoke (　　　) fast (　　　) I couldn't understand her.

(3)
If you don't leave right now, you will be late.
(　　　) you leave right now, you will be late.
Leave right now, (　　　) you will be late.

(4)
As soon as he came home, he began to call her.
He had (　　　) come home (　　　) he began to call her.
(　　　) (　　　) had he come home than he began to call her.

↳ **3** (2)「あまりに～なので…できなかった」
(3)「今出発しなさい。さもないと遅れるだろう」
(4)「～するとすぐに」

□ **4** 日本文に合うように，｛　｝内の語句を並べかえなさい。

(1) 試験に合格するために一生懸命勉強しなさい。

｛so, study, you, pass, hard, the exam, that, can｝.

....

(2) 言われたとおりにやりなさい。　｛as, do, told, you, were｝.

....

(3) パリへの旅はとても疲れるものだったが，私はそれを楽しんだ。

｛to, was, tiring, I, Paris, enjoyed, my trip, very, although｝ it.

....

↳ **4** (1) 目的を表す副詞節にする。
(2) 様態を表す副詞節にする。
(3) although は「～だけれども」と譲歩を表す従属節を導く。

18 仮定法

解答▸別冊P.10

POINTS

1 If I **were** a millionaire, I **would build** a school.　もし私が大富豪なら，学校を建てるだろう。

2 If she **had helped** me, I **would have accomplished** the work.
もし彼女が手伝ってくれていたら，私はその仕事をやり遂げていたであろう。

3 **I wish I hadn't lost** the bag at that time.　あのとき，かばんをなくさなかったらなあ。

ある事柄を事実としてではなく，現実に反する仮定的なものとして，あるいは現実には存在せず話し手の頭の中だけで考えられているものとして表現する方法を，**仮定法**という。

1 仮定法過去 **現在の事実に反対する事柄**を表現するときに使う。(POINTS 1)

「If＋主語＋過去形 ..., 主語＋would[could, might, should]＋動詞の原形 ～.」の形で，現実でないことを仮定して，**「もし…であれば，～であろう」**という意味。

If he **were** young, he **would ask** her to many him.
(もし彼が若ければ，彼女に結婚を申し込むだろうが。)

> 仮定法過去の if 節の中の be 動詞は，主語の人称・数に関係なく were を用いる。
> ただし，1人称・3人称の単数においては was を用いることもある。

2 仮定法過去完了 **過去の事実に反する事柄**を表現するときに使う。(POINTS 2)

「if＋主語＋had＋過去分詞 ..., 主語＋would[could, might, should] have＋過去分詞 ～.」の形で，過去の事実と反することを仮定して，**「もし…だったならば，～していたであろう」**という意味。

If he **had followed** my advice, he **would not have failed** in business.
(もし彼が私の助言に従っていたなら，彼は事業で失敗しなかったであろう。)

3 if 以外の仮定法 仮定法は，I wish や as if などのあとにも用いられる。(POINTS 3)

〈仮定法過去〉 I wish I **knew** her name.　(彼女の名前を知っていたらなあ。)

〈仮定法過去完了〉 I wish I **had been born** to a rich family.
(裕福な家庭に生まれていたらよかったのに。)

□ **1** { } 内から適切なものを選びなさい。

(1) If I {am, were} free, I would go there to help him.
(2) If she {had, have} had enough money, she would have bought the picture.
(3) I wish I {have, had} been more careful then.
(4) If he {were, had been} here, I would tell him the truth.
(5) She talks {as, so} if she were a scientist.
(6) What {will, would} you do if you were in my place ?
(7) He looks as {though, but} he had been ill.
(8) If {only, but} I had left home a little earlier !

Check

↳ 1 (1) 仮定法過去
(2) 仮定法過去完了
(3) then に着目する。
(4) 仮定法過去
(5) 「～であるかのように」

□ **2** 日本文に合うように（ ）に適切な語を書きなさい。

(1) もし病気でなかったら，あなたはロンドンを訪問できたのに。

If you (　　) (　　) sick, you (　　) (　　) (　　) London.

(2) もし万一再び生まれるとしたら，私は医者になるだろう。

If I (　　) (　　) be born again, I would become a doctor.

(3) 彼はまるで全てを知っているかのように話す。

He talks (　　) (　　) he (　　) everything.

(4) 彼があのときあんなことを言わなければよかったのになあ。

I (　　) he (　　) (　　) said such a thing then.

↳ **2** (2)「もし万一～ならば」と実現性がほぼない未来を仮定するとき，if節にwere toを用いる。
(3)「まるで～であるかのように」
(4) 過去の事実と異なる願望

□ **3** 次の各組の文が同じ内容になるように（ ）内に適語を書きなさい。

(1)
Since I am not young, I can't run as fast as you.
If I (　　) young, I (　　) (　　) as fast as you.

(2)
As you gave me money, I could return to Japan.
If you (　　) (　　) me money, I (　　) (　　) (　　) to Japan.

(3)
Without your plan, we couldn't succeed.
(　　) (　　) your plan, we couldn't succeed.
If it (　　) (　　) (　　) your plan, we couldn't succeed.

(4)
I can't buy a new car because I don't make much money.
If I (　　) more money, I (　　) buy a new car.

↳ **3** (1)「もし若ければ君と同じくらい速く走れるんだが」
(2)「～してくれたから…できた」=「～してくれなかったら，…できなかった」
(3)「もし～がなければ」
(4)「もっと多くの金を稼げれば新車を買えるのだが」

□ **4** 日本文に合うように，{ } 内の語句を並べかえなさい。

(1) もし彼がここにいれば，それを聞いて喜ぶだろう。

{he, he, if, it, hear, were, here, be, would, to, glad}.

....

(2) 昨日，彼女がそこにいればよかったのに。

{wish, been, she, there, I, yesterday, had}.

....

(3) もし君の助けがなければ，私は失敗していただろうに。

{been, your help, it, if, I, had, would, failed, have, not, for}.

....

↳ **4** (3) If it had not been for ～「もし～なかったら」

19 話　法

解答▸別冊P.11

POINTS

1 I said to him, "I will go to London."　私は彼に「ロンドンに行くつもりだ」と言った。

I **told** him **that** I would go to London.　私は彼にロンドンへ行くつもりだと言った。

2 He said to me, "Can you come tomorrow ?"　彼は私に「明日来ることができますか」と言った。

He **asked** me **if** I could come the next day.　彼は私に次の日来られるかどうかをたずねた。

3 My mother said to me, "Help me in the kitchen."　母は私に「台所で手伝って」と言った。

My mother **told** me **to** help her in the kitchen.　母は私に台所で彼女を手伝うように言った。

話法には，人の言葉を引用符（" "）を用いてそのまま伝える**直接話法**と，話し手の言葉にして伝える**間接話法**がある。話法を書きかえるときは，**人称・伝達動詞・時制・語順・接続語句**などに注意する。

1 平叙文の話法の転換 （POINTS 1）

伝達動詞を say to から **tell** にかえる。→ **that** 節にする（that はよく省略される）。
→ 主節の時制に従属節の時制を一致させる。→ 代名詞・場所や時を表す副詞をかえる。

2 疑問文の話法の転換 （POINTS 2）

伝達動詞を say to から **ask** にかえる。→ 疑問詞のない疑問文は，**if** [whether] 節にし，語順を「主語＋動詞 ～」にする。疑問詞のある疑問文は「疑問詞＋主語＋動詞 ～」の間接疑問文の語順にする。
→ 時制を一致させる。→ 代名詞・場所や時を表す副詞をかえる。

〈疑問詞の文〉 He said to her, "Where do you live ?" → He **asked** her **where** she lived.

3 命令文の話法の転換 （POINTS 3）

伝達動詞を say to から **tell**, **order**, **ask**, **advise** などにかえる。→ 命令文を to が導く句にかえる。
→ 時制を一致させる。→ 代名詞・場所や時を表す副詞をかえる。

〈否定の命令文〉 He said to us, "Don't stand up." → He **told** us **not to** stand up.

〈Let's ～. 文〉 He said to us, "Let's sing." → He **suggested that** we sang.

□ **1** ｛ ｝内から適切なものを選びなさい。

(1) He told me that he ｛is, was, be｝ tired.

(2) She asked me ｛if, that, which｝ I would go to Paris.

(3) I asked him where ｛was he going, he was going｝.

(4) My father told me ｛study, studying, to study｝ hard.

(5) Jane told her brother ｛to not hit, not to hit｝ the dog.

(6) She asked me ｛that, if, to｝ open the door.

(7) He said that the earth ｛goes, went｝ around the sun.

(8) Mike told us that American schools ｛begin, began｝ in September.

Check

1 (1) 時制の一致
(2) 「～かどうか」
(3) 語順に注意する。
(4) tell＋人＋to 不定詞
(5) 否定の命令文の転換
(7) 不変の真理
(8) 現在の習慣

□ **2** 次の各組の文が同じ内容になるように（　）に適語を書きなさい。

(1) She said to me, "You don't have to go there today."
She told me that (　　　) (　　　) have to go there (　　　) (　　　).

(2) He said to me, "I'll give you the ticket tomorrow."
He told me that (　　　) (　　　) give (　　　) the ticket the (　　　) (　　　).

(3) Tom said to her, "Have you ever been to Hokkaido ?"
Tom (　　　) her (　　　) she (　　　) ever been to Hokkaido.

(4) She said to me, "Will you drive me home ?"
She (　　　) me (　　　) drive her home.

(5) My sister said to us, "Let's go for a walk."
My sister (　　　) (　　　) we should go for a walk.

↳ **2** (1)(2) 時制，代名詞，時を表す副詞を適切な形にする。
(3) 疑問詞のない疑問文は if [whether] を用いる。
(4) 依頼を表す疑問文は「～するように頼む」という文に転換する。
(5) Let's ～. と誘う文は suggest を用いる。

□ **3** 次の文を（　）内の指示にしたがって書きかえなさい。

(1) The doctor advised me not to smoke.（直接話法に）

(2) He said to me, "I wish I could run faster."（間接話法に）

(3) She asked him when he would leave for Canada.（直接話法に）

(4) He said to her, "I usually get up at six."（間接話法に）

(5) My father said to me, "What did you do with my bag ?"（間接話法に）

↳ **3** (1) 否定の命令文
(2) 仮定法の文は時制の一致を受けないことが多い。
(4) 現在の習慣を表す。

□ **4** 日本文に合うように ｛ ｝ 内の語を並べかえなさい。

(1) 彼は私に，その部屋に入ってはいけないと言った。
｛to, me, room, not, the, into, he, come, told｝.

(2) その男性は彼女に身長はいくつかたずねた。
｛asked, how, the, her, she, tall, man, was｝.

↳ **4** (1) 否定の命令文の間接話法は，not to 不定詞にする。

20 否 定

解答▸別冊P.11

POINTS

1 She **never** gets up early **without** complaining. 彼女は早起きすると必ず不平を言う。

2 **Not all** girls like cooking. すべての女の子が料理好きとは限らない。

3 I **couldn't help crying** when I read the novel. 私はその小説を読んだとき泣かずにいられなかった。

平叙文に not や don't，didn't などを入れて作る否定文のほかにも，さまざまな否定表現がある。

1 二重否定 否定語を2つ重ねた形をいい，否定の否定，つまり**肯定の意味**を表す。（POINTS 1）

It is **not impossible** to see her.（彼女に会うことは不可能ではない。）

2 部分否定・全体否定 all，every，both，always など，数量や程度の「全部」を表す語と否定表現を合わせて用いると，**「全部が～とは限らない」**という意味になる。これを**部分否定**という（POINTS 2）。それに対し，**「全部～ない」**と文全体を100%否定するものを**全体否定**という。

〈部分否定〉 **Not all** is interested in the movie. （全員がその映画に関心があるわけではない。）

〈全体否定〉 **Nobody** is interested in the movie.（だれもその映画には関心がない。）

3 その他の否定表現（POINTS 3）

① **準否定**… hardly, scarcely, few, little, seldom などは「ほとんど[めったに]～ない」と弱い否定を表す。

I scarcely ate the food at the party.（私はパーティーではほとんど食べなかった。）

② **修辞疑問文**…疑問文を反語的に用いて「～だろうか（いや，そんなことはない）」と否定する表現。

Who knows ?（誰が知ろうか〈いや誰も知らない〉。） = Nobody knows.

③ **主な否定表現**…nothing but ～「～しかない」，no longer[not ～ any longer]「もはや～ない」，far from ～[anything but ～]「決して～ない」，not ～ but ...「～でなく…」，cannot ～ too ...「いくら…しても十分でない」，cannot help ～ing[cannot but ～]「～せざるを得ない」，not ～ until[till] ...「…まで～しない」，the last ... to ～「最も～しそうにない…」 など

□ **1** 次の文の（ ）の中に入れる最も適切な語を下の｛ ｝より選んで記号で書きなさい。それぞれ一度ずつしか使えません。

(1) I (　　　) go to bed before twelve.

(2) She could (　　　) keep standing any longer.

(3) Not (　　　) rabbit is white.

(4) (　　　) of them speaks French.

(5) It was not (　　　) this morning that I heard the news.

(6) (　　　) can live without water ?

｛ア every　イ who　ウ until　エ seldom　オ neither　カ hardly｝

Check

1 (1) 頻度が低いことを表す。

(2) 程度が低いことを表す。

(3) 部分否定

(4) 「どちらも～ない」

(5) 「～して初めて…する」

□ **2** 次の文を（ ）内の指示にしたがって書きかえるとき，______に適切な語句を書きなさい。

(1) I don't like either of the movies.（部分否定の文に）
I don't like ______________________.

(2) My brother never uses this computer.（部分否定の文に）
My brother ______________________ this computer.

(3) Not everybody believes what he said.（全体否定の文に）
______________________ what he said.

(4) Whenever I see this, I remember my teacher.（二重否定の文に）
I ______________________ remembering my teacher.

↳ **2** (1) either「（2者に対して）どちらも」
(2)「いつもとは限らない」という文にする。
(4)「～なしでは見られない」という文にする。

□ **3** 日本文に合うように（ ）に適切な語を書きなさい。

(1) 彼女はそのとき，少しもうれしそうではなかった。
She looked (　　　) (　　　) happy at that time.

(2) 彼は絶対金を盗むような人ではない。
He is the (　　　) person (　　　) steal money.

(3) 私たちの全員が自分の携帯電話を持っているわけではない。
(　　　) (　　　) of us have our own cellular phones.

(4) 健康にはいくら注意してもしすぎることはない。
We (　　　) be (　　　) careful of our health.

(5) 彼はもはや偉大なサッカー選手ではない。
He is (　　　) (　　　) a great soccer player.

(6) その手術は全く危険がない。
The operation is quite (　　　) (　　　) danger.

↳ **3** (1)「決して～ではない」＝「～から遠い」
(2)「～しそうにない人」＝「～する最後の人」
(3) 部分否定
(4)「いくら～しても十分でない」
(6)「～がない」＝「～から解放されている」

□ **4** 次の各組の文が同じ内容になるように，______に適切な語句を書きなさい。

(1) She didn't choose any of the three jackets.
She chose ______________________.

(2) He isn't a good tennis player at all.
He is anything ______________________.

(3) She will come back soon.
It ______________________ before she comes back.

(4) He always keeps his word.
He never ______________________.

↳ **4** (1)「どれも選ばなかった」
(2)「全く～ではない」

21 特殊な構文

解答▸別冊P.12

POINTS

1 **Never** have I seen such a pretty girl.　こんなにきれいな少女を今までに見たことがない。

2 **It was** in Tokyo **that** I saw the woman for the first time.
私が初めてその女性に会ったのは，東京だった。

3 **His discovery** of the fossil made people surprised.
彼がその化石を発見して，人々は驚いた。

英語は「S + V ～」の形で表すが，以下のような場合は，語順や構文をかえて表すことがある。

1 倒置 以下の語句を強調するため文頭に置くときは，主語と(助)動詞が入れ替わることがある。

① **否定や程度を表す副詞(句)**…強調する**語を文頭**に置き，**疑問文的語順**を続ける。(POINTS 1)
〈助動詞の文〉 I will **never** forget him. → **Never** will I forget him.　(決して彼を忘れない。)
〈be 動詞の文〉 I am **seldom** sick. → **Seldom** am I sick.　(めったに病気にならない。)

② **場所・方向などを表す副詞(句)**…**「場所・方向などを表す副詞句＋V＋S」**の語順。ただし主語が代名詞のときは，S + V の語順のままにする。
〈V+S〉 **Down** came the rain.（雨が降ってきた。）**〈S+V〉** **Up** it goes.（それが上がっていく。）

2 その他の特殊な表現・構文

① **強調**…語・句・節を強調するときは**「It is＋強調語句＋that ～.」**の形で表せる(POINTS 2)。
動詞の強調は，前に **do**[does，did]を置く。また very，oneself，ever を置いたり，「～ and ～」と同一語を重ねたりして，強調することもできる。
He **does** hope so.（彼は本当にそう願っている。）He is kindness **itself**.（彼は親切そのものだ。）

② **省略**…**繰り返し出る語**や，**時・条件・譲歩を表す副詞節**の**「S＋be 動詞」**は省略されることがある。

③ **挿入**…語句を文中に挟み込むことをいう。
This, **I think**, is the best way.（これが最善の方法だ，と私は思う。）

3 無生物主語[物主語]構文 英語では，無生物を主語にして「(無生物) は (人) を～させる」という表現が多くみられる。日本語にはない表現なのでこれらの文は，目的語の「人」を主語にし，「～によって，～すれば」のように無生物主語を副詞的に変換して和訳する。(POINTS 3)

□ **1** 次の文の（　）の中に入れる最も適切な語を下の｛　｝より選んで記号で書きなさい。それぞれ一度ずつしか使えません。

(1) (　　　) did I think that he would come to my house.
(2) He studied so hard for the exam, and (　　　) did I.
(3) It was the man (　　　) stole my bag.
(4) Well (　　　) I remember his voice.
(5) I will give you some money (　　　) necessary.
(6) This medicine will (　　　) you better.

｛ア little　イ make　ウ that　エ do　オ if　カ so｝

Check

1 (1) 否定の副詞を強調するための倒置
(2) 前の文を受ける倒置
(3) 強調構文
(4) 副詞の強調
(5) 条件節中の省略
(6) 無生物主語の構文

□ **2** 日本文に合うように（　）に適切な語を書きなさい。

(1) 冬のあとに春はやって来る。

After winter (　　　) (　　　).

(2) これこそまさに私がずっと読みたかった本だ。

This is (　　　) (　　　) book I've wanted to read.

(3) 私たちは何年も何年もその殺人犯を追跡した。

We chased after the murderer (　　　) and (　　　).

(4) 彼はアメリカに来て初めて英語を話すことを楽しむことができた。

(　　　) was not (　　　) he came to the USA (　　　) he could enjoy speaking English.

(5) 私はその少年をよく知っていた。

(　　　) (　　　) I know the boy.

(6) 私の知る限り，彼らは非常によい生徒です。

They are, (　　　) (　　　) (　　　) (　　　) (　　　), very good students.

↳ **2** (1) 副詞句の強調のための倒置

(2) 「まさに～」と名詞を強調する。

(3) 反復による強調

(4) 「～して初めて…する」

(5) 副詞の強調のための倒置

(6) 節の挿入

□ **3** 次の文を（　）内の指示にしたがって書きかえなさい。

(1) My sister rarely watches TV.（Rarely で始めて同意の文に）

(2) I told her the truth.（助動詞を使って told を強調する文に）

(3) While I was running, I saw the man.（２語省いて同意の文に）

(4) My business often takes me to Paris.（I で始めて同意の文に）

↳ **3** (1) 倒置構文にする。

(2) 助動詞doを使う。

(4) 無生物主語→人が主語の文に。

□ **4** 日本文に合うように ｛ ｝ 内の語を並べかえなさい。

(1) 彼女がその皿を割ったのは昨日のことでした。

｛yesterday, dish, she, was, the, broke, that, it｝.

(2) もし必要なら彼といっしょに行くつもりだ。

｛if, will, him, I, with, necessary, go｝.

↳ **4** (1) 強調構文

(2) 副詞節中の「S ＋ be 動詞」の省略

復習問題 ❸ 15〜21単元

□ **1** 日本文に合うように（　）に適切な語を書きなさい。

(1) 私の弟はほとんど英語を話すことができない。

My brother (　　　) (　　　) (　　　) English.

(2) 明日は雨が降るかしら。

I wonder (　　　) (　　　) (　　　) rain tomorrow.

(3) もしあなたが百万長者だったら，何を買いますか。

If (　　　) (　　　) a millionaire, what (　　　) (　　　) (　　　) ?

(4) 彼は私にいつニューヨークへ出発するのか聞いた。

He asked (　　　) (　　　) (　　　) (　　　) leave for New York.

(5) 私にはお兄さんが医者である友達がいる。

I have a (　　　) (　　　) brother (　　　) a doctor.

(6) 天気が悪かったので，彼らはハイキングに行けなかった。

Bad weather (　　　) them (　　　) going on a hiking.

(7) この前の冬に香港に行ったが，思っていたほど暖かくなかった。

Last winter I went to Hong Kong, (　　　) (　　　) wasn't as warm as I had expected.

□ **2** 次の各組の文が同じ内容になるように（　）に適語を書きなさい。

(1) 〔大阪産業大・改〕
- This question is far from easy.
- This question is (　　　) but (　　　).

(2)
- She said to me, "Will you pass me the salt ?"
- She (　　　) me (　　　) pass her the salt.

(3) 〔近畿大〕
- She will never forget that terrible accident. I won't forget it, either.
- She will never forget that terrible accident, (　　　) (　　　) (　　　).

□ **3** 日本文に合うように { } 内の語を並べかえなさい。

(1) 彼は私が知っている人の中でそれを行える唯一の人だ。

{it, who, is, know, he, only, man, can, the, that, I, do}.

(2) 彼女が外国へ行く計画について私に話してくれたのは，つい昨日のことだ。 〔甲南大〕

{told, only, me, yesterday, that, she, was, about, it} her plan to go abroad.

□ **4** 次の文を（　）内の指示にしたがって書きかえなさい。

(1) If he studied harder, he would become a doctor.（仮定法過去完了の文に）

(2) She understood what he meant only yesterday.（Only yesterday で文を始めて）

(3) Many of them did not pass the entrance exam.（下線部を部分否定にし，ほぼ同意の文に）

□ **5** 次の英文を読み，下の問い(1)〜(4)に答えなさい。

In Japan, there are several ways of transporting goods. Each method has its own advantages and disadvantages. Transportation by air, though it can be expensive, is [①] for carrying goods which require speedy delivery. Ships, [②], can carry large quantities at low cost, but it takes much time for them to reach their destinations. Trains can stop only at stations, but their arrival times can easily be estimated. Although trucks cannot carry much compared with trains, they are useful for carrying things from door to door. Such merits and demerits of each method of transportation should be taken into consideration, so the best way can be chosen, depending on the needs.

(1) [①]，[②] に入るのに最も適切なものを，それぞれア〜エから選びなさい。

[①]　ア suitable　イ accountable　ウ admirable　エ inevitable　（　　）

[②]　ア therefore　イ for example　ウ in short　エ on the other hand　（　　）

(2) 列車による輸送の長所と短所をそれぞれ日本語で挙げなさい。

長所

短所

(3) 下線部を日本語にしなさい。

(4) 次の質問に英語で答えなさい。

Which method of transportation can carry a large amount in the most inexpensive way?

22 名　詞

解答▸別冊P.13

POINTS

1 How many **pencils** do you have?　あなたは何本の鉛筆を持っていますか。

2 I have **a cup of coffee** in the morning.　私は朝，１杯のコーヒーを飲む。

3 **Freedom** and **peace** is the most important for us.　私たちには自由と平和が最も大切だ。

1 数えられる名詞 以下の２つに分類され，原則として**単数形・複数形**がある。**可算名詞**ともいう。

① **普通名詞**…同じ種類の人や物に共通の名。boy，book，teacher，city など（POINTS 1）

② **集合名詞**…人や物の集合体の名。単語によって，常に複数として扱うもの（例：people），単数として扱うもの（例：furniture），どちらとしても扱うもの（集合体を１つとして扱うときは単数，集合体を構成するものを一つひとつとして扱うときは複数　例：family）がある。

〈単数扱い〉 My **family** consists of four persons.　（私の家族は４人から成る。）

〈複数扱い〉 My **family** are all cheerful.　（私の家族はみんな陽気だ。）

2 数えられない名詞 以下の３つに分類される。**不可算名詞**ともいう。

① **物質名詞**…一定の形をもたない物質の名。形がないので，一定量を表すときは容器などの単位を用いて表し，不定量を表すときは some や much を使って表す。（POINTS 2）

〈一定量〉 a sheet of paper（１枚の紙）　a cup of tea（１杯のお茶）

a piece of cake（１切れのケーキ）　a cake of soap（１個の石けん）

〈不定量〉 some water（水を少々）　a little［much］money（少し［多く］のお金）など

② **固有名詞**…人，物，場所，時などを表す固有の名詞。Ken，Japan，April など

③ **抽象名詞**…性質，好意，状態，動作などの抽象的な概念を表す名詞。kindness「親切」，truth「真実」，beauty「美」，health「健康」，knowledge「知識」など（POINTS 3）

□ **1** 次の各語の複数形を書きなさい。複数形を持たないものには×を書きなさい。

(1) child　(　　　)　(2) foot　(　　　)

(3) beer　(　　　)　(4) tomato　(　　　)

(5) knife　(　　　)　(6) deer　(　　　)

(7) baggage　(　　　)　(8) city　(　　　)

(9) hour　(　　　)　(10) Chinese　(　　　)

Check

↳ 1 物質名詞，抽象名詞は不可算名詞。単複同形の普通名詞，単数扱いされる集合名詞などに注意する。

□ **2** ｛ ｝内から適切なものを選びなさい。

(1) He has ｛many, much｝ money in his wallet.

(2) Three ｛family, families｝ live in the apartment.

(3) A lot of people ｛visit, visits｝ the temple.

(4) Curry and rice ｛is, are｝ my favorite dish.

↳ 2 (1) money は物質名詞。

(2) 「３家族」が住んでいる。

(4) ２つで１つの物を表している。

□ **3** 次の各連語に続く適切な名詞を下の｛ ｝より選んで，あてはまる記号をすべて書きなさい。何度使ってもかまいません。

(1) a lump of ( ) (2) a cup of ( )
(3) a piece of ( ) (4) a sheet of ( )
(5) a cake of ( ) (6) a bunch of ( )
(7) a glass of ( ) (8) a slice of ( )
(9) a spoonful of ( ) (10) a bottle of ( )

｛ア juice イ paper ウ soap エ wine オ tea
カ grapes キ sugar ク bread ケ music コ lemon｝

↳ **3** (1) ひと固まりの～
(2) カップ1杯の～
(3) 1片の～
(4) 1枚の～
(5) 1個の～
(6) 1房の～
(7) グラス1杯の～
(8) 1枚の～(固まりを薄く切ったもの)
(9) スプーン1杯の～
(10) 1びんの～

□ **4** 次の文中の誤りの箇所を書き出し，訂正しなさい。

(1) Most of the houses was built in 1970's.
→

(2) Many peoples visit Hokkaido in summer.
→

(3) They have a few furnitures in their house.
→

(4) Not only I but she were tired because of the summer heat.
→

(5) He bought two pair of shoes last Sunday.
→

↳ **4** (1) most of に続く名詞に注目する。
(3) furniture は「家具」というカテゴリーを表す集合名詞。
(4) not only A but B が主語のとき，B に動詞を一致させる。

□ **5** 日本文に合うように｛ ｝内の語を並べかえなさい。

(1) 彼は私にそのコンサートに関する情報をくれた。
｛about, me, information, he, the, some, concert, gave｝.

(2) 20分間歩いたらその公園に着いた。
｛walk, to, twenty, me, the, minutes', park, brought｝.

(3) そのドレスはたったの3ドル50セントだった。
｛half, just, dress, dollars, the, cost, three, a, and｝.

(4) 100年は，人間にとって長い。
｛beings, a, years, long, human, hundred, is, for｝.

↳ **5** (1) information は抽象名詞で，複数形はない。
(2)「20分間の歩行は私を公園へ連れてきた」
(3) cost「(お金)がかかる」は過去形も cost。3ドル50セントは3ドル半と考える。

23 代名詞

解答▸別冊P.13

POINTS

1 **She** is a friend of **mine**.　彼女は私の友人の１人だ。

2 **These** are not **ours**.　これらは私たちのものではない。

3 **Some** boys like soccer, but **others** like baseball.　サッカーが好きな少年もいれば，野球が好きな少年もいる。

1 人称代名詞 人・物を表す代名詞で，人称・数・格によって変化する。また「～のもの」を表すものを**所有代名詞**，「～自身」を表すものを**再帰代名詞**という。（POINTS 1）

〈１人称〉I（主格）　my（所有格）　me（目的格）　mine（所有代名詞）　myself（再帰代名詞）

2 指示代名詞 指示するときに用いる代名詞で，距離的に近い物には **this**・**these**，離れたものには **that**・**those** を用いる（POINTS 2）。また such，same，so も指示代名詞として使われる。

3 その他の代名詞と特別用法

① **不定代名詞**…不特定の人や物，数量を表す代名詞で，**one**，**none**，**other**，**another**，**some**，**any**，**either**，**neither**，**each**，**all**，**both** などがある。（POINTS 3）

② **疑問代名詞**…疑問詞のうち主語・補語・目的語になるもので，**who**，**what**，**which** の３つがある。

③ **関係代名詞**…代名詞と接続詞の２つの機能をもつ代名詞。（→⑮ **関係詞**①）

④ **it の特別用法**…it は代名詞として使われるだけでなく，天候・時間・曜日・季節・明暗・状況などを表す文の主語として用いられる。また，形式主語・形式目的語，強調構文の主語としても用いられる。いずれの場合も「それは」の意味はない。

□ **1** 次の文中の下線部を適切な代名詞にかえて書きなさい。

(1) Tomoko and Yumi are high school students.　（　　　　）

(2) I found Takuya honest.　（　　　　）

(3) This is my sister's picture.　（　　　　）

(4) Kazuo and I play soccer after school.　（　　　　）

(5) Do you know which is Akiko's dog ?　（　　　　）

(6) I went shopping with Tom and John.　（　　　　）

Check

↳ 1 人称代名詞は人称（１人称，２人称，３人称），単数か複数か，格（主格，所有格，目的格）に注意する。

□ **2** 次の英文に合うように，（　）に適切な日本語を書きなさい。

(1) Be kind to those who are around you.

（　　　　　　　　　　　　　　）親切にしなさい。

(2) It took me two hours to finish the work.

その仕事を終えるのに（　　　　　　　　　　）。

(3) You can't bring the desk by yourself.

あなたはその机を（　　　　　　　　　　）。

↳ 2 (1) who 以下は those を修飾している。

(3) by ～self「独力で」

□ **3** ｛ ｝内から適切なものを選びなさい。

(1) Do you have a camera? — Yes, I have ｛one, that, it｝.

(2) ｛It, This, One｝ is easy for me to solve the question.

(3) Each boy has ｛his, its, their｝ own judo uniform.

(4) I don't like this T-shirt. Please show me ｛another, other｝.

(5) Please make ｛you, yours, yourself｝ at home.

(6) ｛Both the, The both｝ women could play the violin well.

(7) I don't know ｛some, any｝ of those singers.

(8) To know is ｛some, any, one｝ thing, and to teach is ｛other, others, another｝.

↳ **3** (1) one は同種類のものを指し，it は同一物を指す。

(4) another = an other

(5)「どうぞくつろいでください」

(7)「だれも～ない」

(8)「～することと…することは別のことだ」

□ **4** 日本文に合うように（ ）に適切な語を書きなさい。

(1) 私の友人には日本人もいれば，アメリカ人もいる。

( ) of my friends are Japanese and ( ) are American.

(2) 彼には息子が２人いる。１人はサッカーをし，もう１人は野球をする。

He has two sons. ( ) plays soccer, and ( ) ( ) plays baseball.

(3) ここの気候は日本のようだ。

The climate here is ( ) ( ) of Japan.

(4) 私たちは，大人に成長した人をそれなりに扱わなければなりません。

We have to treat the grown-up person ( ) ( ).

(5) 私たちはそれぞれ欠点を持っている。

( ) of us ( ) his or her own faults.

↳ **4** (1)(2) one ～, the other ... や some ～, others ... などまぎらわしいものが多いので，しっかり覚えておこう。

(3)「ここの気候は日本のそれ(気候)のようだ」

(5) each, every などは単数扱い。

□ **5** 日本文に合うように｛ ｝内の語を並べかえなさい。

(1) 出席した人々は全員その提案に賛成した。

｛all, who, for, present, proposal, those, the, were, were｝.

....

(2) 日本ではしばしば他のアジア諸国と違う仕方で意志決定がなされる。

In Japan decisions are ｛ways, from, are, of, in, which, often, different, those, made｝ some other Asian countries.

....

↳ **5** (1)「～に賛成する」 be for ～（「反対する」be against ～）

(2)「～と違う」be different from ～ ways の反復を避けるため those を使う。

24 冠　詞

解答▸別冊P.14

POINTS

1 I need **a** chair in my room.　私の部屋にはいすが１つ必要だ。

2 I bought a book. **The** book is interesting.　私は本を買った。その本はおもしろい。

3 **On the way** home, I met Jane.　家へ帰る途中，私はジェーンに会った。

1 不定冠詞 **a**, **an** のことをいう。以下の用法などにおいて，数えられる名詞の単数の前につける。

① 初めて話題にのぼる可算名詞の単数につける。(POINTS 1)
②「１つの」　(＝one)　**a** month（１か月）
③ 不特定の人・物を指し「ある～」(＝certain)　**A** lady came.（ある婦人がやって来た。）
④「～につき」　(＝per)　three times **a** week（週に３回）
⑤ 種類全体を指し「～というもの」(＝any)　**A** dog is a faithful animal.（犬は忠実な動物だ。）
⑥ 主に of a ～の形で「同じ」　(＝the same)　all of **a** size（全て同じサイズ）
⑦「a＋固有名詞」で「～という人，～のような人」　**an** Edison（エジソンのような人）

2 定冠詞 **the** のことをいう。名詞の単数・複数のどちらの前にもつけることができる。

① 既に話題に出た名詞や，状況からそれと特定できるときにつける。(POINTS 2)
② 最上級や序数などに修飾される名詞　**the** first person（最初の人）
③ 天体や方角など唯一のもの　**the** sun（太陽）　**the** east（東）
④「by the＋単位」　eggs by **the** dozen（ダース単位の卵）
⑤ 句や節で修飾される名詞　**the** student of this school（この学校の生徒）
⑥ 新聞，河川，海洋，半島，船，列車名など　**the** Pacific Ocean（太平洋）
⑦ 総称的に種類全体を指し，「～というもの」　**The** lion is extinct.（ライオンは絶滅した。）
⑧「the＋形容詞」で「～（の状態の）人々」　**the** rich（お金持ち）

3 冠詞の慣用表現 by the way「ところで」，in the distance「遠くに」，on the way「途中で」，in the long run「長い目で見れば」，on the whole「全体的に」，at a loss「途方に暮れて」，once in a while「時々」，in a sense「ある意味では」，as a rule「概して」　など

□ **1** 次の文の適切なところに a[an]または the を入れなさい。

（例） This is ^a pen.

(1) I visited my grandmother once month.
(2) Ken had never seen such beautiful lady until then.
(3) Will you pass me salt ?
(4) The man looked at her in face.
(5) Will you please wait for me for while ?
(6) By way, where is your father ?
(7) He left home half hour ago.

Check

↳ 1 (1)「１か月につき」
(2)「そのような」
(3) 目の前にある物
(4) 動作の対象が体の一部
(5)「しばらくの間」
(6)「ところで」
(7)「30分前」

□ **2** 下線部に注意して，次の英文の意味に合う日本語を書きなさい。

(1)
- A Japanese worked hard there.
- (　　　　　　　　) がそこで一生懸命働いた。
- The Japanese work hard. (　　　　　　　　) は一生懸命働く。

(2)
- I went to the hospital to visit him.
- 私は彼を見舞いに (　　　　　　　　)。
- I was in hospital for a couple of days.
- 私は２日間 (　　　　　　　　)。

□ **3** 次の各文の (　) に適切な冠詞を書きなさい。不要な場合は×を書きなさい。

(1) He wants to be a doctor in (　　　) future.
(2) Spring is (　　　) best season for bird watching.
(3) They played (　　　) badminton after school.
(4) Someone patted me on (　　　) shoulder.
(5) (　　　) August is (　　　) hottest month of the year.
(6) I came here by (　　　) subway.
(7) Butter is sold by (　　　) pound.
(8) In (　　　) word, it was ridiculous to say so.
(9) We work eight hours (　　　) day.
(10) You are so lucky (　　　) person that I envy you.

↳ **3** (2) 形容詞の最上級
(4) 体の一部
(6)「地下鉄で」
(7) 単位を表す。
(8)「一言で言えば」
(9)「１日につき」
(10) so＋形容詞＋a[an]＋名詞＝such＋a＋形容詞＋名詞

□ **4** 日本文に合うように ｛ ｝ 内の語を並べかえなさい。

(1) 若い人々はお年寄りに席を譲るべきである。
｛give, the, should, young, old, the, seats, to, their｝.

....

(2) 私は彼にベートーベンのような人になってほしい。
｛a, him, I, want, Beethoven, be, to｝.

....

(3) 突然その男の子は泣き始めた。
｛sudden, crying, a, boy, all, the, began, of｝.

....

(4) 彼はそんな考えがいかに愚かか知っているはずだ。〔大阪産業大・改〕
He must know ｛such, how, is, foolish, an, idea｝.

....

↳ **4** (1) the＋形容詞「～な人々」
(2) a＋固有名詞「～のような人」
(4) how ～に続くので語順に注意する。

25 形容詞

解答▸別冊P.14

POINTS

1 I have an **interesting** book about animals. 私は動物に関するおもしろい本を持っている。

2 The boy kept **quiet** in the room. その少年は部屋の中で静かにしていた。

3 He has **many good** friends. 彼にはたくさんのよい友達がいる。

名詞の性質，状態，数量などを表す語を**形容詞**という。形容詞には限定用法と叙述用法がある。

1 形容詞の限定用法 名詞を修飾し，**「形容詞＋名詞」**という語順で用いられる。（POINTS 1）

① **形容詞の後置**…形容詞が修飾語句を伴う場合，-one，-thing，-body で終わる名詞を修飾する場合，一時的な関係や状態を表す場合などは，「名詞＋形容詞」の語順となる。

a basket **full** of fruit（フルーツ一杯のかご）　something **special**（特別な何か）

② **形容詞の語順**…冠詞・代名詞→数量→大小(長短)→形状→性質→年齢(新旧)→色→所属・材料

a big white box（大きな白い箱）　our new English teacher（私たちの新しい英語の先生）

限定用法のみ用いられる形容詞…only（唯一の），elder（年上の），main（主な）など

2 形容詞の叙述用法 **補語**として，主語や目的語を修飾する。（POINTS 2）

I felt **sad** when he left for London.（彼がロンドンへ出発したとき，私は寂しかった。）

叙述用法のみの形容詞…afraid（恐れる），asleep（眠って），aware（気づいて）など

3 その他，注意が必要な形容詞

① **限定用法・叙述用法で意味が異なるもの**…certain，ill，present などは用法によって意味がかわる。

〈限定用法〉 **Ill** news travels fast.（悪い噂はすぐ広まる），It's the **present** problem.（当面の問題だ）

〈叙述用法〉 She is **ill**.（彼女は病気だ），The students were **present**.（生徒は出席していた）

② **数量・順序を表す形容詞**…many，much，few，little，some，any，enough，one，first など

③ **主語を規定する形容詞**…形容詞には，主語に人をとるもの・とらないものがあり，注意が必要。

○ It is **hard** for me.　× I am **hard**.　○ I am **interested** in books.　× It's an **interested** book.

□ **1** ｛ ｝内から適切なものを選びなさい。

(1) He has ｛some, any｝ money in his pocket.

(2) Watching soccer games is ｛exciting, excited｝.

(3) I don't have ｛some, any｝ friends to talk with.

(4) The number of cars are ｛large, many｝ today.

(5) There are five ｛hundred, hundreds｝ books in the library.

(6) We had ｛little, few｝ chances of seeing a whale.

(7) The sick child soon got ｛well, good｝.

(8) The price of the computer is very ｛high, expensive｝.

(9) The minister announced the ｛economical, economic｝ plan.

Check

1 (1)「いくらかの」

(2) 主語は動名詞

(4)「車が多い」

(5)「500冊の本」

(7)「健康になった」

□ **2** 次の(1), (2)を数字に, (3), (4)を英語に直しなさい。

(1) two-ninths (　　　)　(2) four point five two (　　　)

(3) 1865年 (　　　　　)　(4) 11月5日 (　　　　　　　)

↳ **2** (1) 分数
(2) 小数
(3) 2桁ずつ区切る。

□ **3** 日本文に合うように ( ) に適切な語を書きなさい。

(1) それが, 私があなたを助けられない唯一の理由だ。

That's the (　　　) reason (　　　) I can't help you.

(2) 彼はソファで彼の娘が眠っているのを見つけた。

He (　　　) his daughter (　　　) on the sofa.

(3) これらの小さな木のいすは全て彼によって作られた。

(　　　) these (　　　) (　　　) chairs were made by him.

(4) あなた方全員がここへ来る必要がある。

(　　　) is (　　　) for (　　　) of you to come here.

(5) かなりたくさんの生徒が風邪で欠席した。

(　　　) (　　　) (　　　) students were absent with a cold.

(6) 正月といっても, 何も特別なことはなかった。

Though it was New Year's, there was (　　　) (　　　).

↳ **3** (3) all → 指示形容詞→大小→材料の順
(5) quite a few ～「かなりたくさんの」

□ **4** 次の各組の文が同じ内容になるように ( ) に適語を書きなさい。

(1) He drives carefully.
He is a (　　　) driver.

(2) She cannot get there before noon.
It is (　　　) for her (　　　) get there before noon.

(3) I'm sure that she will come.
I'm sure (　　　) (　　　) coming.

(4) He doesn't depend on his parents.
He is (　　　) of his parents.

↳ **4** (1)「注意深く運転する」=「注意深い運転者である」
(2)「～するのは不可能だ」
(3) 動名詞の意味上の主語を補う。
(4)「～に依存していない」=「自立した」

□ **5** 日本文に合うように { } 内の語を並べかえなさい。

(1) 興味を持たなければどんな話題もおもしろくない。

{is, if, not, you, interesting, interested, topic, are, no}.

____

(2) 冷蔵庫にリンゴジュースが少しある。

{in, is, a, refrigerator, apple, the, little, there, juice}.

____

↳ **5** (1) interesting と be interested の場所に気をつける。
(2)「少量の」は a little

26 副　詞

解答▸別冊P.15

POINTS

1 She **usually** leaves for school at eight.　彼女はたいてい8時に学校へ出かける。

2 **Fortunately** no one died in the earthquake.　幸いその地震では死者はいなかった。

3 **Where** are you going tomorrow morning ?　明日の朝あなたはどこへ行くのですか。

1 副詞の種類とその位置

① **動詞を修飾する副詞**…quickly, slowly, hard, early, fast などの副詞は，**一般動詞（＋短い目的語）**のあとに置かれる。　He can run **fast**.（彼は速く走れる。）

② **頻度を表す副詞**…usually, always, often, never などの副詞は，**一般動詞の前**，**be 動詞のあと**に置かれる（POINTS 1）。He **usually** gets up at six.（彼はたいてい6時に起きる。）

③ **場所や時を表す副詞**… there, here, yesterday, today などの副詞は，ふつう**文末**に置かれる。並べるときは「場所＋時」の語順。　He will come **here tomorrow**.（彼は明日ここに来るだろう。）

④ **文全体を修飾する副詞**…ふつう文頭に置かれる。文中に来るときは一般動詞の前，be 動詞・助動詞のあと（POINTS 2）。　**Happily** he did not die.（幸運にも彼は死ななかった。）

2 注意すべき副詞 以下のような副詞には，特に使い分けに注意がいる。

① **very と much**…very は形容詞・副詞の原級や現在分詞を，much は比較級・最上級や過去分詞，動詞を修飾する。**very** beautiful（とても美しい）　**much** taller than me（私よりずっと背が高い）

② **ago と before**…ago は「（今から）～前」の意味で，期間を表す語が前に来て過去を表す。before は「（過去のある時点から）～前」で，過去完了や過去時制で使われる。また単独でも使える。

already / yet / still, before / ever / once, nearly / almost / most の違いにも注意。

3 疑問副詞 **when**, **where**, **why**, **how** の4つ。ふつう疑問文の文頭に置かれる。（POINTS 3）

□ **1** { } 内から適切なものを選びなさい。

(1) John studied Chinese { hard, hardly } last Sunday.

(2) She has not finished her homework { still, yet }.

(3) He is a { much, very } honest man.

(4) You can play the flute very { good, well }.

(5) It is { much, very } colder today than yesterday.

(6) She can do { almost, nearly } any kind of work.

(7) He never { come, comes } to any meetings.

(8) They were in the library an hour { ago, before }.

(9) Take it { easy, easily }.

(10) "How are you today ?" "{ Pretty, Prettily } well, thanks."

(11) Christmas is drawing { near, nearly }.

Check

1 (1)「熱心に」
(2)「まだ～ない」
(3) 形容詞の原級を修飾する。
(4)「上手に」
(5) 比較級を修飾する。
(6)「ほとんど」
(7) never は副詞。
(9)「気楽に」
(10)「かなり」

□ **2** 次の文中の誤りの箇所を書き出し，訂正しなさい。

(1) You are very more beautiful than Jane.

→

(2) He can't speak French, and I can't, too.

→

(3) Most all of the Japanese in this class study hard.

→

(4) I went to bed lately last night.

→

(5) He usually is late for school.

→

(6) I didn't remember what I had eaten a few days ago.

→

↳ **2** (1) 「ずっと美しい」と比較級を修飾する。
(2) 「〜もまた…ない」
(3) 「ほとんど全ての〜」
(4) late と lately では意味が異なる。
(5) 頻度を表す副詞は be 動詞のあとに置く。

□ **3** 日本文に合うように（ ）に適切な語を書きなさい。

(1) 私の兄はまだ彼の部屋で数学を勉強している。

My brother (　　　)(　　　) studying math in his room.

(2) 今夜私と一緒に夕食を食べませんか。

(　　　) don't (　　　) have dinner with me tonight ?

(3) 彼女はその歌手と最近結婚した。

She (　　　) got married to the singer (　　　).

(4) 私はそのようなうわさはほとんど信じられない。

I can (　　　)(　　　) such a rumor.

(5) あなたは自分で自分の部屋をそうじできる年齢だ。

You are (　　　)(　　　) to clean your own room.

(6) 彼はたいていいつもミラノへの直行便に乗る。 〔亜細亜大〕

He (　　　)(　　　) flies directly to Milan.

↳ **3** (2) 「〜しませんか」を疑問副詞を使った表現にする。
(4) 「ほとんど〜ない」
(5) 「…するのに十分〜」
(6) 「ほとんどいつでも」

□ **4** 次の文中の下線部についてたずねる文を作りなさい。

(1) It's <u>about three hundred meters</u> from here to the store.

(2) Mt. Fuji is <u>3776 meters high</u>.

(3) She visits her grandmother <u>once a month</u>.

↳ **4** (1) 距離をたずねる。
(2) 高さをたずねる。
(3) 頻度をたずねる。

27 前置詞

解答▸別冊P.15

POINTS

1 The book **on** the desk is mine. 机の上の本は私のものだ。

2 He put the book **on** the desk. 彼は机の上に本を置いた。

3 **According to** the forecast, it will snow tonight. 天気予報によれば今夜は雪だ。

1 前置詞の用法 前置詞は**「前置詞＋名詞[代名詞](句)」**の形で，名詞を修飾する**形容詞句**（POINTS 1）や，動詞を修飾する副詞句（POINTS 2）となり，補語として文の要素ともなる。

〈補語となる前置詞句〉 This dictionary is **of great use**.（この辞書は大変役立つ。）

2 前置詞の種類 前置詞はさまざまなものを表すが，特に時や場所を表すものは多岐にわたる。

① **時を表す前置詞**…**at**「時刻」，**in**「月，年，季節など」，**on**「曜日，特定の日」，**during**「期間」，**by**「～まで（期限）」，**till**[**until**]「～まで（継続）」，**after**[**before**]「～のあとで[前に]」など

② **場所を表す前置詞**…**at**「～に（狭い範囲）」，**in**「～に（広い範囲），～の中に」，**on**「～に（接して）」，**up**[**down**]「上[下]へ」，**over**[**under**]「真上[真下]へ」，**from**「～から」など

③ **その他の前置詞**…手段・方法，原因・理由，原料・材料，目的・結果などを表す。

〈原因・理由〉 I was surprised **at** the news. （私はその知らせに驚いた。）

〈手段・方法〉 She goes to school **by** bus. （彼女はバスで学校へ行く。）

〈目的・結果〉 I went out **for** a walk. （私は散歩のために外出した。）

3 群前置詞 2つ以上の語がまとまって1つの前置詞の働きをするものをいう。（POINTS 3）

because of ～「～のために」，instead of ～「～の代わりに」，in spite of ～「～にもかかわらず」，according to ～「～によれば」，thanks to ～「～のおかげで」，as for ～「～については」，out of ～「～から」，by way of ～「～を経由して」など

□ **1** ｛ ｝内から適切なものを選びなさい。

(1) I met her ｛in, on, at｝ my way home yesterday.

(2) She is standing ｛on, in, between｝ the two boys.

(3) Butter is made ｛from, into, of｝ milk.

(4) The earth goes ｛along, around｝ the sun.

(5) He saw a picture ｛in, by, on｝ the wall.

(6) His father is taken care of ｛by, for, in｝ his sister.

(7) He didn't stop smoking ｛in, on, to｝ spite of my advice.

(8) The frog came out ｛by, of, to｝ the pond.

(9) The party will be held ｛in, on, of｝ the evening of May 15.

(10) This is the cat ｛of, for, in｝ which I have been looking.

Check

1 (1)「～の途中で」

(2)「2人の間に」

(3) 原料を表す。

(4)「～の周りを」

(5)「壁に」

(6) 受動態の文

(7)「～にもかかわらず」

(8)「～から」

(9) 特定の日

□ **2** 日本文に合うように（　）に適切な語を書きなさい。

(1) フランス語は多くの点で英語と異なる。
French differs (　　　) English (　　　) many respects.

(2) あなたは来週の月曜日までに宿題を終えなくてはならない。
You must finish your homework (　　　) next Monday.

(3) 彼は口を開けたまま眠っていた。
He was sleeping (　　　) his mouth (　　　).

(4) 姉は私より３つ年上だ。
My sister is older than I (　　　) three years.

(5) ロンドンに着くやいなや，トムは友だちに電話した。
(　　　) reaching London, Tom called his friend.

(6) 私の母はいつも私の弟の健康を心配している。
My mother is always anxious (　　　) my brother's health.

(7) 彼女は仕事を探しに東京へ行った。
She went to Tokyo (　　　) the purpose (　　　) looking (　　　) a job.

↳ **2** (1) respect「点，箇所」
(2) 期限を表す。
(3)「～したまま」付帯状況を表す。
(4) 程度，差異を表す。「～の差で」
(5) ＝As soon as ～
(6)「～を案じて，心配して」
(7)「～の目的で」

□ **3** 次の文の（　）の中に入れる最も適切な語句を，下の｛　｝より選んで記号で書きなさい。

(1) Thoughts are expressed (　　) words.
(2) I sent the shirt (　　) other things.
(3) (　　) that woman, I never hope to see her.
(4) I was (　　) making a new park around here.
(5) She got married to him (　　) money.
(6) I was absent from school (　　) the flu.

｛ア along with　イ as for　ウ by means of
エ for the sake of　オ in favor of　カ because of｝

↳ **3**
ア「～と共に」
イ「～に関して」
ウ「～によって」（手段）
エ「～のために」（目的）
オ「～に賛成して」
カ「～のために」（原因）

□ **4** 日本文に合うように｛　｝内の語を並べかえなさい。

(1) あと２分で用意ができるよ。
｛be, two, I, in, minutes, will, ready｝.

(2) 文学が役に立たないという考えに私は反対だ。〔帝京大〕
｛idea, that, with, is, useless, I, literature, the, disagree｝.

↳ **4** (1)「(今から)～後に」を表す in。
(2)「～に反対する，異議を唱える」

復習問題 ❹ 22～27単元

□ **1** 日本文に合うように（　）に適切な語を書きなさい。

(1) コーヒーをもう１杯いかがですか。

Would you like (　　　) (　　　) of coffee ?

(2) 彼女は私の額にキスした。

She kissed me (　　　) (　　　) forehead.

(3) 私の研究に役立つ本を持っていますか。

Do you have (　　　) (　　　) for my study ?

(4) 日本人は勤勉な国民だと言われている。

(　　　) Japanese (　　　) said to be (　　　) diligent people.

(5) それはあなたには関係ないことだ。

That's (　　　) (　　　) your business.

(6) その老婦人の感情は小さな女の子の感情だ。

The old lady's feelings (　　　) (　　　) of a little girl.

(7) 私は野菜がきらいだ。その一方で野菜は身体に良い。

I hate vegetables. (　　　) the (　　　) (　　　), they are good for my health.

□ **2** 次の英文の（　）に入る最も適切な語句を，a～d より選んで記号で書きなさい。

(1) This country is so (　　　) that it takes no more than a day to drive around.

a. large　　b. narrow　　c. small　　d. wide

(2) I play tennis with my father every (　　　) Saturday, so I usually play twice a month.

a. once　　b. another　　c. single　　d. other　　〔京都外国語大〕

(3) I want to drink beer. I'll go to buy (　　　).

a. little　　b. much　　c. any　　d. some

(4) Keep all medicines (　　　) touch of children.

a. as for　　b. out of　　c. up to　　d. get off　　〔立命館大・改〕

(5) Some amusements are intended for children and (　　　) for old people.

a. each　　b. other　　c. others　　d. another　　〔大阪産業大〕

(6) We pay taxes (　　　) public services.

a. in exchange for　　b. in place of　　c. in spite of　　d. in the case of

(7) Lisa is a (　　　) young woman from a good family.

a. respectful　　b. respectable　　c. respective　　d. respect

□ **3** 日本文に合うように｛ ｝内の語を並べかえなさい。

(1) 金持ちはいつも貧乏人を見下しているように見える。

｛the, the, always, rich, to, on, down, poor, seem, look｝.

(2) この２つの植物はほとんどすべての点で異なっている。 〔センター試験〕

｛plants, almost, these, are, way, different, two, in, every｝.

□ **4** 次の英文を読み，下の問い(1)～(4)に答えなさい。 〔北海学園大・改〕

In most countries, standard school days last from 8:30 in the morning to 4 p.m. However, is ①that the best use of young people's time? A study ②(conduct) in 2017 on the learning patterns of university students has revealed that, compared to adults, university students study most effectively later in the day. Data also revealed that 66% of students see themselves as "evening people," while only 34% see themselves as "morning people." They also measured students' brain activities at different times of the day. It showed that 11 a.m. or noon seem to be when students are most active intellectually. Before that, students are much less likely to be fully awake and alert. Prior studies have demonstrated that starting school later in the day is ideal for most high school students as well. ③(time of the day / be / to / choose / must / allowed / what / school / students) should start. In short, because a "natural" day for most teens and young people begins about two hours later than for middle-age adults, we can conclude that the current school schedule is designed more for（A）than for（B）. If so, perhaps afternoon and evening classes should become the main parts of universities' standardized curricula.

(1) 下線部① that が表す内容を日本語で説明しなさい。

(2) 下線部② conduct を文脈に合うように正しい形にしなさい。

(3) 下線部③を「生徒たちは一日のうちの何時に始業するか選ぶのを許可されなければならない」という意味になるように並べかえなさい。ただし文頭にくるものも小文字にしてある。

(4) 空所A，Bに入る組み合わせとして正しいものを，下の**ア**～**エ**から一つ選び，記号で答えなさい。

ア A－students B－teachers **イ** A－teachers B－students

ウ A－school B－home **エ** A－home B－school （ ）

装丁デザイン　ブックデザイン研究所
本文デザイン　未来舎

本書に関する最新情報は，小社ホームページにある**本書の「サポート情報」**をご覧ください。(開設していない場合もございます。)
なお，この本の内容についての責任は小社にあり，内容に関するご質問は直接小社におよせください。

高校 トレーニングノートα 英文法・作文

編著者　高校教育研究会
発行者　岡本明剛
印刷所　岩岡印刷

発行所　受験研究社

〒550-0013 大阪市西区新町2丁目19番15号
注文・不良品などについて：(06)6532-1581(代表)／本の内容について：(06)6532-1586(編集)

Printed in Japan　高廣製本
落丁・乱丁本はお取り替えします。

解答・解説

高校 トレーニングノートα　　英文法・作文

① 基本文型 (pp.2〜3)

解答

1 (1) S, C 〈2〉　(2) V, O 〈3〉
(3) V, C 〈2〉　(4) V, O 〈4〉
(5) V, O 〈3〉　(6) O, C 〈5〉

2 (1) ウ　(2) イ　(3) オ　(4) エ　(5) ウ
(6) ア　(7) イ　(8) ウ

3 (1) for me　(2) the work of him
(3) some advice to us

4 (1) Why do you look so happy 〈2〉
(2) She showed me the way to 〈4〉
(3) The man made her happy 〈5〉

解説

1 (1) S+V+C 「この歌手は実にすばらしい」 (2) S+V+O 「あなたの国では米を栽培しますか」 (3) S+V+C 「この物語はとても刺激的に思われる」 (4) S+V+O+O 「彼はメアリーにeメールを送った」 (5) S+V+O 「私はその本を簡単に見つけた」 (6) S+V+O+C 「私はその問題がやさしいとわかった」

2 (1) S+V+O　第3文型。「彼は駅への道を知らない」 (2) S+V+O+O　第4文型。「彼女は息子に新しい自転車を買った」 (3) S+V　第1文型。「ケイコは朝早く名古屋に着いた」 (4) S+V+O+C　第5文型。「彼は部屋をきれいにしておいた」 (5) S+V+O　第3文型。「祖母は私にそれを買ってくれた」 (6) S+V+C　第2文型。「私はそのとき，とても幸せだった」 (7) S+V+O+O　第4文型。「彼女は私にその美しい絵を見せた」 (8) S+V+O　第3文型。「私たちはついにそのチケットを手に入れた」

3 (1) make＋人＋もの＝make＋もの＋<u>for</u>＋人
(2) ask＋人＋もの＝ask＋もの＋<u>of</u>＋人
(3) give＋人＋もの＝give＋もの＋<u>to</u>＋人
第4文型から第3文型への書きかえでは，動詞により to, for, of を使い分ける。

4 (1) S+V+C　主語 you＝補語 happy なので第2文型。 (2) S+V+O+O 「郵便局へ」は to the post office。場所を表す to が必要なので第4文型にする。 (3) S+V+O+C　目的語 her＝補語 happy が成り立つので，第5文型。

② 文の種類 (pp.4〜5)

解答

1 (1) isn't　(2) Does　(3) doesn't
(4) When　(5) How　(6) What
(7) How　(8) Don't　(9) won't　(10) isn't

2 (1) Be　命令文　(2) Who　疑問文
(3) never　平叙文
(4) Which, or　疑問文
(5) How　感嘆文　(6) Don't　命令文

3 (1) Did he come here by bike or on foot ?　(2) Don't tell a lie.　(3) How old is this watch ?　(4) How old this watch is ! [What an old watch this is !]　(5) Don't make so much noise, will you ?

4 (1) What color do you like the best
(2) The boy didn't look happy, did he

解説

1 (1) 現在進行形の否定文。「彼女の母はそのことについて話しているのではない」 (2) 主語が3人称・単数なので Does。 (3) have to は助動詞の働きをしても一般動詞なので，否定文では do [does] not have to 〜とする。 (4) Who, What, When などの疑問詞は文頭に置かれて疑問文を作る。ここではあとの内容から When が適切。「いつ彼に真実を告げるつもりですか」 (5)(6) 「How＋形容詞[副詞]＋S＋V !」「What＋形容詞＋名詞＋S＋V !」 (7) How long 〜 ? は時間の長さをたずねる疑問文を作る。 (8) 否定の命令文。 (9) 助動詞の否定文。won't は will not の短縮形。 (10) 付加疑問文を作るときは肯定文なら否定形，否定文なら肯定形をつけ加える。

2 (1) be 動詞の命令文では原形 be を文頭に置く。 (2) 主語の働きもする who。 (3) never は強い否定を表す副詞だが，not がないので否定文ではない。 (4) 選択疑問文では or を使う。 (5) How を使う感嘆文。 (6) 否定の命令文。

3 (1) Did で始めて or でどちらかを問う文にする。 (2) must not 〜「〜してはいけない」の文は否定の命令文に書きかえられる。 (5) 命令文の付加疑問は will you ? を使う。「そんなに騒音を立てないで

ひっぱると，はずして使えます。

くださいね」

4 (1) What はあとに名詞を伴い,「どんな［何の］～」という疑問詞にもなる。 (2) 否定の付加疑問文では肯定形をあとにつけ加える。

③ 動　詞 (pp.6～7)

解答

1 (1) took, taken (2) dropped, dropped (3) lived, lived (4) cut, cut (5) knew, known (6) paid, paid (7) broke, broken (8) got, got[gotten] (9) cried, cried (10) put, put (11) ate, eaten

2 ア，ウ，カ

3 (1) reached (2) lay (3) laid (4) told (5) attend

4 (1) put off (2) put on (3) looking forward (4) the place

5 (1) put up with her toothache (2) kept us awake all night

解説 1 (2)(3)(9) は規則動詞。不規則動詞の活用は1つずつ異なるので確実に覚えよう。

2 直後に目的語をとる動詞を他動詞という。
ア buy + 人 + もの = 「(人)に(もの)を買う」brother と CD が目的語。 **ウ** lady が目的語。 **カ**「タバコを吸うこと」という動名詞 smoking が目的語。
エの to smoke は不定詞の副詞的用法。

3 (1) reach のみが他動詞。Yokohama の前に前置詞がないことに注意する。「彼らは5時に横浜に着いた」 (2) lie「横たわる」は自動詞で，過去形は lay。「私はソファの上に横になった」 (3) lay「横たえる，置く，卵を産む」は他動詞で，過去形は laid。目的語の egg に注意する。「そのめんどりは今朝卵を1つ産んだ」 (4) tell + 人 + もの「(人)に(もの)を話す」daughter と story の2つの目的語をとるのは tell のみ。「彼女は娘にその物語を話した」 (5)「出席する」という意味の attend は他動詞。「多くの人がその会議に出席した」

4 (1) put off「延期する」 (2) put on ～「～を着る」 (3) look forward to ～ing「～することを楽しみにする」 (4) take the place of ～「～にとってかわる」never「決して～ない」

5 (1) put up with ～「～をがまんする」 (2) keep ～ awake「～を眠らせないでおく」 awake は「目が覚めている」という形容詞。

④ 時　制 (pp.8～9)

解答

1 (1) rises (2) went (3) lay (4) going (5) gets (6) leave (7) Will (8) Shall (9) will come (10) stops (11) played (12) Did (13) goes

2 (1) Are, going to (2) never tells (3) if[whether], will (4) till, comes (5) lost, way (6) begins[starts] (7) about to

3 (1) My father went to Kyoto three years ago. (2) Will she stay with her grandfather this summer ? (3) Miki practices the flute on Sundays. (4) Who will attend the meeting ?

4 (1) We are going to a jazz concert tomorrow (2) Did you have fun at school today

解説 1 (1) 不変の真理は現在形で表す。 (2)「よく～した」 (3) lie down「横になる」 3単現の s がないので過去形の lay を選ぶ。 (4) be going to ～「～するつもりだ」 (5) usually から現在の習慣と判断する。 (7)「～してくださいませんか」Will you please ～? (8)「～しましょう」Shall we ～? (9) when 以下は間接疑問文で know の目的語となる名詞節。 (10)(13) 時や条件を表す副詞節では未来のことも現在形で表す。 (12) 過去の疑問文にする。

2 (2)「うそをつく」tell a lie (3)「～かどうか」if [whether]に導かれる名詞節なので未来形にする。(4) till～「～するまで」時を表す副詞節。現在形にする。 (7)「まさに～しようとしている」be about to ～

3 (1)「私の父は3年前に京都へ行った」過去形にする。 (2)「彼女はこの夏，祖父のところに滞在する予定ですか」 (3)「ミキは(毎週)日曜日にフルートを練習する」 (4)「だれがその会議に出席する予定ですか」

4 (1) 確定している未来の予定を表す現在進行形。(2)「楽しく過ごす」have fun

⑤ 進行形 (pp.10〜11)

解答

1 (1) was (2) stopping (3) are (4) be (5) were (6) walking (7) has (8) liking (9) had

2 (1) エ (2) ウ (3) ク (4) キ (5) ア (6) オ (7) カ

3 (1) was swimming (2) were eating (3) had been studying (4) were lying (5) will have been playing

4 (1) We are arriving at Tokyo. (2) I am seeing a doctor tomorrow. (3) How long have you been driving ? (4) Who[Whom] will she be taking care of tonight ? (5) Scientists have been trying to build the jet for years.

解説 **1** (1) 過去進行形にする。 (2) stop, die, drown, arrive などの瞬間的な動作を表す動詞は，進行形で「〜しかけている，〜しそうだ」という意味を表す。 (3) 確定的な近い未来の予定を表す進行形。 (4) 未来進行形。「彼は明日の今頃泳いでいるだろうか」 (5)(6) 両方とも反復的な動作を表す進行形。always などの副詞を伴うと話者の感情を含む強調表現になる。「君はいつも私の授業中にしゃべってばかりいた」 (7) 現在完了進行形。 (8) 一時的な気持ちを表す進行形。

2 (1) leave for 〜「〜へ向けて出発する」 (3) 現在完了進行形。「あなたは今朝からずっと何を読んでいるのか」 (4) had been 〜ing 過去完了進行形。 (5) will have been 〜ing 未来完了進行形。

3 (1)(2) 過去を表す語があるので過去進行形。 (3) 過去のある時点の2時間前から継続していた動作なので過去完了進行形。 (4) lie の ing 形は lying。 (5) 未来完了進行形。

4 (3) 時間の長さをたずねる How long 〜？を使う。 (4)「彼女の息子」を問うには Who[Whom] で始める疑問文にする。

⑥ 完了形 (pp.12〜13)

解答

1 (1) ウ，ス (2) イ (3) エ，カ (4) サ，コ (5) シ，オ (6) キ

2 (1) have (2) have finished (3) has been (4) didn't (5) been studying (6) had (7) had been

3 (1) said, had (2) hasn't, yet (3) changed, for (4) will have, by

4 (1) It was the first time I had ever eaten Japanese food (2) How long have you been in Kyoto (3) When we came home, she had already been sleeping (4) John has been looking for the ID card he lost yesterday

解説 **1** (1) parents は複数なので have。「私の両親は結婚して20年になる」 (2)「あなたは今までに京都を訪れたことがありますか」 (3) 過去のある時点よりさらに前に起こった動作・出来事は過去完了形で表す。この形を大過去という。「私が彼に電話したとき，彼はもう学校へ向かって出発していた」 (4) 未来のある時点において完了するであろう動作・出来事を未来完了形「will have＋過去分詞」で表す。「私たちが着く前にコンサートは始まってしまうだろう」 (5) have been to 〜「〜へ行ったことがある」 (6) have gone to 〜「〜へ行ってしまった」

2 (2) 時を表す副詞節では未来における完了を現在完了で表す。 (4) yesterday という明らかに過去を表す副詞は現在完了形では用いられない。 (6) 太陽が昇ったのは過去なので，主節は過去完了形に。 (7) 過去完了進行形。「〜まで…していた」

3 (1) 過去完了形で表す内容のあとで起きた出来事は過去形で表す。 (2) かっこの数から，hasn't と短縮形にする。

4 (2)「どのくらいの間」と時間の長さを問うのは How long 〜？ (3) 過去完了進行形の文。帰宅と眠ったのとではどちらが先かを考える。when 節は文の後半に置いても正解。

復習問題① (pp.14〜15)

解答

1 (1) calls (2) give them (3) made, for (4) seems (5) can they (6) goes[moves]

2 (1) laid (2) well, What a (3) left [kept], open (4) wrote to (5) Don't miss (6) has been listening, for

3 (1) I don't know when she will leave.
(2) She will come here if it has stopped raining.

4 (1) カ (2) オ (3) ア (4) ク (5) ウ (6) イ (7) キ (8) エ

5 (1) エ (2) イ (3) ウ (4) イ

解説 **1** (1) SVOC の文型。 (3) 〈make＋もの＋for＋人〉「〜のために…を作る」 (4) SVC の文型。seem は「〜のように見える」「思われる」の意。 (5) 否定文の付加疑問は肯定形にする。 (6) 不変の真理を表しているので現在形にする。

2 (1) himself が目的語となっているので他動詞 lay の過去形が入る。 (5) must not 〜「〜してはいけない」は，否定の命令文で書きかえられる。

3 (1) don't の主語は I しかないこと，leave，know という動詞の意味から考える。 (2) 条件を表す副詞節内が現在完了になった形。

4 yesterday，already などより時制を考える。

5 (1) 外食する理由は「美味しい料理を食べるため」と答えている人が一番多い。 (2) 家で食事をする理由は「安く上がる」と答えている人が一番多く，40%，つまり 5 分の 2 にあたる。 (3) 外食，家での食事，ともに 2 番目に多い理由は「健康のため」である。 (4) それぞれ「その他」という解答をしているのは 9%と 7%である。

7 受動態 (pp.16〜17)

解答

1 (1) were washed (2) will be made (3) should be kept (4) be seen (5) was born (6) are taught (7) was sung (8) was shut (9) was discovered (10) was made to (11) be surprised at

2 (1) will be read (2) not satisfied with (3) is looked up to (4) was filled with (5) is known to (6) sells well (7) seen to enter

3 (1) They fixed (2) repairing, is being (3) gave me (4) It is said

4 (1) scolded by my father when I told a lie (2) my wallet stolen last Friday (3) wasn't[was not] interested in the movie at all

解説 **1** 受動態の文では，過去形は「was[were]＋過去分詞」，現在形は「is [am, are]＋過去分詞」，未来形は「will be＋過去分詞」で表す。
(1)「これらの皿は昨日エミリーに洗われた」
(2) tomorrow があるので，未来の受動態に。
(3) 助動詞を伴う文の受動態は「助動詞＋be＋過去分詞」。 (4)「この部屋から富士山は見えますか」
(5) be born in 〜「〜で生まれる」 (6) this year から，現在教えられていると考え現在形にする。
(7) sing の過去分詞は sung。 (9)「その科学者によって昨年何が発見されましたか」 (10) 使役動詞を用いた受動態では，過去分詞のあとに「to＋動詞の原形」が続く。 (11) be surprised at 〜「〜に驚く」

2 (2)「〜に満足する」be satisfied with 〜 否定文に。 (3)「〜を尊敬する」look up to 〜 (4)「〜を満たす」fill with 〜 (5)「〜に知られている」be known to 〜 (7)「…が〜するのを見る」は「see ...＋動詞の原形」だが，受動態では「be seen to＋動詞の原形」となる。

3 (1) their eyes が目的語になるので主語は they。言わなくてもわかる動作主はふつう省略される。
(2)「今〜されている」は「is[am, are] being＋過去分詞」。 (4) It is said that 〜.「〜と言われている」

4 (1)「get＋過去分詞」で受動態を表すこともできる。 (2)「私は先週の金曜日財布を盗まれた」
(3)「彼はその映画に全く興味がなかった」

8 不定詞① (pp.18〜19)

解答

1 (1) to read (2) to stay (3) how to ski (4) for (5) to fail (6) whether (7) to (8) of (9) to (10) not to

2 (1) to come (2) how to use (3) happy[glad] to

(4) Is it difficult[hard]　(5) to find
(6) to help

3　(1) to win　(2) To, for, It, for, to
(3) to be[become]　(4) is to

4　(1) I was amazed to hear her performance　(2) Who do you want me to speak with　(3) It is careless of you to leave your bag

解説　**1**　(1)「何か読むもの」形容詞的用法。　(2) want は to 不定詞を目的語として伴う。　(3)「弟はスキーのしかたを知らない」how to ～で「どうやって～するか」を表す。　(4) 形式主語の文。to 不定詞以下が it に置きかえられている。この構文で意味上の主語を表すときは「for＋人」を to 不定詞の前に置く。　(5) 結果を表す副詞的用法で，only to ～は「結局～しただけだ」と満足できる結果でないときに使う。　(6) whether to ～ or not「～するかどうか」　(7) be surprised to ～「～して驚く」感情の原因を表す副詞的用法。　(8) 形式主語の意味上の主語。　(9)「聞くための CD」　(10) 不定詞の否定形。「～しないように言った」

> **☑注意　「for＋人」と「of＋人」**
> It is ～ to .... の形式主語の文で，意味上の主語を表すときは to 不定詞の前に「for＋人」を入れるが，～に入る形容詞が人の性質を表す場合は「of＋人」になる。

2　(1) ask＋人＋to ～「…に～してほしいと頼む」　(4) 形式主語の疑問文。　(5) 結果を表す副詞的用法。「目が覚めると自身が病院にいることに気づいた」と考える。

3　(1)「彼は試合に勝つように願った」　(2)「彼の言葉を理解するのは私には簡単ではなかった」　(3)「成長して～になった」　(4) 補語になる名詞的用法。

4　(1) I was amazed to ～.「～して驚いた」　(2)「私に～と話してほしい」want me to speak with ～　who は目的格の whom の代わりに使われている。　(3) of you になることに注意。

⑨ 不定詞②　*(pp.20～21)*

☑解答

1　(1) エ　(2) カ　(3) オ　(4) ×　(5) ア　(6) イ

2　(1) touch　(2) to clean　(3) know　(4) drink　(5) help　(6) to play　(7) tell
(8) have won

3　(1) too, to　(2) to have been
(3) order not to　(4) go into
(5) enough to lead

4　(1) John had his son wash the car
(2) Mary came in quietly so as not to wake the baby
(3) Do you happen to know who he is

解説　**1**　(1) too＋形容詞[副詞]＋to＋動詞の原形「あまりに～なので…できない」「私はあまりに疲れすぎていて宿題を終えることができなかった」　(2) 独立不定詞 to begin with「まず初めに，あなたはその本を買うべきだ」　(3) had better＋原形不定詞「～した方がよい」「今大阪へ出発した方がよい」　(4)「知覚動詞＋O＋原形不定詞」の文。　(5) get は使役の意味を表すが，あとには to 不定詞が続く。「私はだれかにカップを片付けさせよう」　(6)「正直に言うと，私はあの男が好きではない」

2　(1) 知覚動詞 feel は原形不定詞をとる。「私はだれかが私に触るのを感じた」　(2) 使役動詞は受動態の文になると to 不定詞を用いる。「私は教室の掃除をさせられた」　(3) 使役動詞 let。「父は私に真実を教えてくれた」　(5) have はここでは「～させる」という意味。　(6)「彼らは路上でサッカーをするのを見られた」　(8) 過去に「賞をとった」ことを今「誇りに思っている」ということ。

3　(1) too ～ to ...「あまりに～なので…できない」「少年はその川で泳ぐには臆病すぎた」　(2) 過去のことを表すには完了不定詞「to have＋過去分詞」を使う。　(3) in order not to ～「～しないように」　(4) 知覚動詞は原形不定詞をとるので go にする。　(5) ... enough to ～「～するには十分…」「彼はその老婦人を店へ連れて行くほど親切だった」led の原形は lead。

4　(2) so as not to ～「～しないように」。　(3) happen to ～「たまたま～する」Do you know ～の疑問文に入れるとき，位置に注意する。

⑩ 動名詞①　*(pp.22～23)*

☑解答

1　(1) having broken　(2) cooking
(3) saying　(4) dying　(5) washing
(6) having stolen　(7) having done

(8) lending (9) being seen

2 (1) playing the guitar (2) having broken (3) before being eaten
(4) not having helped
(5) finished reading

3 (1) selecting (2) being interrupted
(3) on not having said (4) in playing
(5) not having seen

4 (1) My father enjoyed watching soccer on TV (2) I will be scolded for being late for the class (3) He got angry at being insulted

解説 **1** (1)「昨日グラスを割ってしまって申し訳ない」 (2) be interested in ～「～に興味がある」
(3)「彼は私にさよならを言わずに出て行った」
(4)「メアリーは死ぬのではないかと恐れている」
(5)「私の車は洗う[われる]必要がある」 (6)「私は昨日彼の金を盗んだことを後悔している」 述語動詞よりも以前のことを述べるときは，動名詞の完了形「having＋過去分詞」を用いる。 (7)「昨夜犯した罪で罰せられるだろう」 (8) mind はあとに動名詞をとる。 (9) あとに by anybody があることからも受動態の文とわかる。「彼女はだれに見られることもなく外出した」

2 (1) stop はあとに動名詞が続く場合と to 不定詞が続く場合とで意味が異なる。stop ～ing は「～するのをやめる」，stop to ～は「～するために立ち止まる」。 (3)「刺身」が主語なので受動態の動名詞にする。 (4) 否定＋完了の動名詞。 (5) finish は動名詞のみを目的語にとる。

3 (1)「子どもに本を選ぶときは注意深くしなさい」
(2)「私は話しているときにじゃまされるのは好きではない」 (3)「彼はそうは言わなかったと主張した」 (5) 否定＋完了の動名詞。

4 (1)「私の父はテレビでサッカーを見て楽しんだ」
(2)「私は授業に遅れることを叱られるだろう」
(3) get angry at ～「～に怒る」

11 動名詞② (*pp.24～25*)

解答

1 (1) ウ (2) カ (3) ク (4) オ (5) エ (6) キ (7) イ

2 (1) afraid of, being (2) like listening
(3) forget to do
(4) having been stolen
(5) worth visiting
(6) my[me] talking (7) fond of

3 (1) my son's[son] having got
(2) is good at (3) his[him] winning
(4) is no

4 (1) She found a big dog (in) coming into the garden. (2) It is no use arguing with him. (3) I could not help laughing at the scene.

解説 **1** (1) give up はあとに動名詞をとる。「彼女は有名な歌手に会うのをあきらめた」 (2)「私はここでタバコを吸っても構いませんか」 (3) It goes without saying「言うまでもなく」「言うまでもなく自由に車を使ってもよい」 (4) on ～ing「～するやいなや」「彼女の言葉を聞いたとたん，彼は怒った」 (5) in ～ing は「when＋S＋V」に置きかえることができる。 (6) look forward to ～ing「～するのを楽しみに待つ」 (7)「私は息子がフリーターであることが恥ずかしい」

2 (1) be afraid of ～ing「～するのではないかと恐れる」受動態の動名詞。 (2) feel like ～ing「～したい気がする」 (4)「完了＋受動態の動名詞」にする。 (5) worth ～ing「～する価値がある」 (6) 動名詞の主語は「私」なので my[me]をつける。
(7) be fond of ～ing「～することが好きだ」

> **ミスポイント　目的語で意味がかわる動詞**
>
> forget, try などの動詞は，目的語に to 不定詞・動名詞のどちらが来るかで意味がかわる。
> 例：forget＋to 不定詞「～するのを忘れる」
> 　　forget＋動名詞「～したことを忘れる」
> これは，動名詞は「現状や過去」を表すのに対し，to 不定詞は「今からすること」を表す傾向にあるからだ。どちらの意味か悩んだときは，この性質から判断してみてもよい。

3 (1) be proud of ～ing「～することを誇りに思う」「私は息子が賞をとったのを誇りに思う」
(2) be good at ～ing「～するのがうまい」
(3) It is certain that ～.「～を(話者は)確信している」 be certain of ～ing「～するのを(主語は)確信している」 (4)「明日何が起こるかは言うことができない」

4 (1)「～のとき」を表す場合 in ～ing を用いる。「彼女は庭に入ってきたとき，大きな犬を見つけた」

(2) It is no use ～ing「～することはむだだ」
(3) cannot but ～ = cannot help ～ing

⑫ 分　詞　(pp.26～27)

解答

1 (1) talking　(2) written　(3) confused
(4) crying　(5) lost　(6) waiting
(7) crying　(8) Listening　(9) knowing

2 (1) listening to　(2) fallen leaves
(3) his house broken
(4) have the radio fixed
(5) Being sick　(6) it was fine

3 (1) Having left　(2) stolen, haven't
(3) pleased with　(4) Written
(5) Generally speaking

4 (1) You had better have that bad tooth pulled out　(2) Realizing that he had a talent for languages

解説 **1** (1)「森さんと話している女の子はだれですか」 (2)「私はドイツ語で書かれた手紙を受け取った」 (3)「彼は混乱して，何を言うかを忘れた」「get + 過去分詞」で SVC の形。 (6)「彼はドアの前に私を待たせておいた」「keep + O + 現在分詞」で「～を…させておく」という SVOC の形。
(7)「赤ちゃんを泣いたままにしておいてはいけない」 (8)「音楽を聞きながら，彼は眠りにおちた」
(9)「何を言えばよいかわからなかったので」 分詞構文の否定形。

2 (1)「音楽を聞いているその婦人は彼の母だ」
(2) fallen は単独で leaves を修飾するので前に置く。 (3)(4) 両方「have + O + 過去分詞」の形。(3) は「～される」と受動態を表し，(4) は「～させる（してもらう）」と使役を表す。 (5) 分詞構文にする。「S + V」をとって動詞を ing 形にする。 (6) It が分詞の意味上の主語で，主文の主語は we。このような文を独立分詞構文という。

3 (1)「～してしまった」なので完了形の分詞構文の文にする。 (2) 複数形なので haven't。 (3) be pleased with ～「～を気に入る」 look はあとに補語を伴って「～に見える，～のようだ」の意味を表す。過去分詞 pleased が補語。 (4) 過去分詞で始まる分詞構文。Being が省略された形。 (5) 慣用的な分詞構文。

4 (1)「have + 目的語 + 過去分詞」ここでは使役の用法。「～した方がよい」は had better。 (2) 理由を表す分詞構文。

⑬ 助動詞　(pp.28～29)

解答

1 (1) カ　(2) オ　(3) エ　(4) ア　(5) ウ　(6) キ
(7) イ

2 (1) cannot[can't] be　(2) ought to
(3) must have been　(4) you, will
(5) would rather, than　(6) should

3 (1) have missed　(2) must know
(3) cannot[can't] have written
(4) needn't have got[gotten]

4 (1) You must have heard 'Yesterday' before　(2) He might as well do what he wants　(3) We cannot help being surprised at the rapid progress

解説 **1** (1)「今夜は雪が降るかもしれない」
(2)「その男の子はどうしても歯医者に行こうとしない」won't[will not] で否定の強い意志を表す。
(3)「私たちは子どもの頃，よくおばの家を訪れた」used to ～は過去の習慣を表す。would でもほぼ同じ意味。 (4)「君のペンを使ってもいい？」 許可を表す can。 (5)「入口前に駐車してはいけない」must not は禁止を表す。 (6) Would you like ～？「～はいかがですか」 (7)「～へ行ってしまった」と後悔を表しているので，「should have + 過去分詞」。

2 (1) cannot[can't] は強い否定の推量を表す。
(2) ought to ～は「～すべきだ」という意味。
(3) must have + 過去分詞「～したに違いない」
(4) Would you ～？「～していただけませんか」yes の答えのときは will を使う。would だと依頼を受けるのに控えめな表現になるのでおかしい。
(5) would rather + 動詞の原形 + ～ than ...「…するよりは～する方がよい」 (6) 感情・判断を表す文の that 節の中では should を用いる。

3 (1)「彼女はバスに乗り遅れたかもしれない」
(2)「彼はその質問の答えを知っているに違いない」
(3) cannot[can't] have + 過去分詞「～したはずがない」
(4) needn't have + 過去分詞「～する必要はなかった」

4 (1) must have + 過去分詞「～したに違いない」
(2) might as well ～は「どうせならした方がよい」という消極的な肯定を表す。
(3) cannot[can't] help ～ing「～せざるを得ない」

⑭ 比　較　(pp.30～31)

解答

1 (1) more　(2) in　(3) younger
(4) senior　(5) best　(6) old　(7) better
(8) worse　(9) to　(10) less

2 (1) Nothing, more
(2) fewer and fewer　(3) No, as[so]
(4) as, possible　(5) so much

3 (1) twice as, I do　(2) any other
(3) the greatest, ever　(4) not, as

4 (1) The higher we go up, the colder it becomes　(2) He is the least capable man　(3) Nothing is more refreshing than cold　(4) This is the very best book I've ever read

解説 **1** (1) than に着目して比較級にする。「このカメラはあのカメラより高価だ」 (2) あとに続く語が範囲を表すときは in，数を表すときは of を使う。 (3) the がつく比較級の言い方。「２人のうち，より若い」＝「２人で最も若い」という意味。
(4)「彼女は私より３つ年上だ」 (5)「すべての動物の中で犬が一番好きだ」 (6)「私はトムの３倍の年齢だ」 (7)「すしと天ぷらではどちらが好きですか」 (8) go from bad to worse「(事態が)悪化する」
(9) prefer ～ to ...「…より～が好き」
(10) more or less「多かれ少なかれ」

2 (1) Nothing is more ～ than ... は最上級の内容を比較級を使って表す表現。 (2) children は数えられるので few の比較級を使う。 (3) 最上級の内容を原級を使って表す。 (4)「できるだけ～」は as ～ as＋人＋can か as ～ as possible。ここでは後者。 (5) not so much ～ as ...「～というよりは…」

3 (1) half as ～ as ...「…の半分の～」比べられる相手を主語にすると，逆に「２倍の～」と表すことができる。 (2)「日本には富士山より高い山はない」＝「富士山は日本のどの山よりも高い」
(3)「これほどすごい手品は見たことがない」＝「今まで見た手品で最もすごい」 (4)「日本ではテニスは野球ほど人気がない」

4 (1) 主語は the＋比較級のあとに置く。前半の主語が we なのに対し，後半の主語は it にする。
(3) Nothing is ～＋比較級の文。最上級の内容を表す。 (4) the very best「全く最上の」

復習問題②　(pp.32～33)

解答

1 (1) was satisfied with　(2) expected me to　(3) busy helping　(4) It, of you to
(5) Not knowing, to do
(6) cannot[can't] have bought
(7) never, without reading

2 (1) mind showing　(2) honest enough to
(3) him laugh　(4) not so much

3 (1) There is no sense in worrying about the problem　(2) It is said that prices in Tokyo are much higher

4 (1) Having finished my homework, I went to the park to play soccer.
(2) She studied hard (so as / in order) not to fail in the exam.
(3) No one can run as fast as he[him] in our school.
(4) My sister is five years junior to me.
(5) He had his car stolen yesterday.

5 (1) 都市部に住むのと田舎に住むのに必要とされるスキルは違う。　(2) イ
(3) birds　(4) イ　(5) エ

解説 **1** (4) 形式主語の it を使う。人の性質を表す形容詞なので of を使う。 (5) 否定の分詞構文は not を分詞の前に置く。 (7)「…すると必ず～する」never ... without ～ing

2 (1)「あなたのお父さんの写真を見せてもらえませんか」 (2)「その少年はお金を返すほど正直だった」 (3) notice は知覚動詞なので，あとには「目的語＋原形不定詞」をとる。 (4) not so much ～ as ...「～よりむしろ…」

3 (1) There is no sense in ～ing.「～することは無意味だ」 (2) It is said that ～. とする。

4 (1) 主節の時制よりも前の出来事を述べる分詞構文。 (2) 不定詞の否定形は to の前に not を置く。
(4) senior, junior などはラテン語に由来する比較級で，あとに than ではなく to を用いる。

5 (1) 直前の文の内容を指す。 (2) 第４文参照。
(4) in comparison to ～「～と比較して」
(5) However 以外は順接の意味。

⑮ 関係詞①　(*pp.34〜35*)

解答

1 (1) which　(2) whose　(3) what
(4) who　(5) who　(6) which　(7) that
(8) which　(9) Whoever

2 (1) that[as]　(2) to which　(3) I
(4) who　(5) which

3 (1) whatever　(2) which
(3) whose name　(4) what

4 (1) He is the only man that we can rely on　(2) I did what I thought was right
(3) more jobs for people who can speak English and Chinese

解説 **1** (1) 先行詞 a book は「物」なので which。「彼はロンドンで彼が買った本を私にくれた」 (2) 所有格の関係代名詞。 (3) what はそれ自身に先行詞を含み「〜すること」を表す。「私は彼女が言ったことを信じない」 (4) あとに主語となる名詞がないので，主格の who。「彼には医者になった息子が１人いた」 (5) 継続用法の関係代名詞。「彼女の兄は東京に住んでいるが，今日帰って来た」 (6) 前置詞＋関係代名詞。前置詞の目的語のときは，that は使わない。 (7)「私が知っている最も金持ちの男」 (8) 継続用法の関係代名詞。前の文全体が先行詞となっている。 (9) 複合関係代名詞 whoever は先行詞を含み，「〜する人はだれでも」の意味。

注意　関係代名詞の限定用法・継続用法

限定用法は先行詞の情報を限定する用法，継続用法は先行詞の補足説明をあとから加える用法で，以下のような意味の違いがある。

I have a son who is a doctor.
医者の息子が１人いる。
(→ほかに息子がいるかどうかはわからない)
I have a son, who is a doctor.
息子が１人いて，彼は医者だ。
(→息子は１人で，ほかにはいない)

2 (1) the same がつく先行詞には that または as が続く。 (2) listen to の目的語になる関係代名詞。to が関係代名詞とともに前に移動した形。 (3) 目的格の関係代名詞が省略されている。borrowed の主語がだれかを考える。 (4) 継続用法の who。関係詞節は先行詞について補足説明する。接続詞を補って考えるとよい。 (5) which の継続用法。sold の目的語 all of them が関係代名詞になった形。

3 (1)「彼が言うことには何でもあなたは従わなければならない」 (2) which の継続用法。 (4)「あなたが店で買ったものを見せてください」

4 (1) the only man が先行詞になる。 (2) I think, I hear などの挿入節は関係代名詞の直後に置かれる。 (3) 何を先行詞にするのかを考える。

⑯ 関係詞②　(*pp.36〜37*)

解答

1 (1) ウ　(2) オ　(3) ア　(4) エ　(5) イ
(6) イ　(7) エ　(8) ウ　(9) カ

2 (1) reason why　(2) where　(3) when
(4) whenever　(5) However

3 (1) why　(2) wherever　(3) when
(4) when

4 (1) 2001 was the year when the 21st century started　(2) The hotel where we spent our holidays was beautiful
(3) You may bring whoever wants to come

解説 **1** (1) 先行詞 the place は場所を表す。「ここは彼が財布を見つけた場所だ」 (2) 複合関係副詞の whenever「〜するときはいつでも」。「ひまなときはいつでもここへ来てもよい」 (3) why は理由を表す先行詞 reason のあとで用いられる。「彼女がそのとき泣いた理由を知っていますか」 (4) how は先行詞なしで「〜する方法」を表す。「彼がその数学の問題を解いた方法を私は知らない」 (5) 関係副詞の前にコンマがあるので継続用法。先行詞について補足的な説明をする。「彼女はジャックを３日前に見たが，そのとき彼は帰ってきた」 (6) 先行詞は the time。 (7)「これは彼が真実を発見した方法だ」 (8) there の働きをする関係副詞 where。 (9) bought の目的語なので関係代名詞 which。

2 先行詞と関係詞を補う。 (2) 継続用法。 (4) 複合関係副詞の whenever は「〜する時はいつも」の意味。 (5) however 〜は譲歩を表す。

3 (1) the reason for = for which = why　関係副詞は「前置詞＋関係代名詞」に置きかえられる。「君が休んだ理由を教えてください」 (2) at any place where「どんな場所でも」を wherever に置きかえる。「君はどこでも好きな場所に座ってもよい」

(3) the time when のように先行詞と関係副詞が自明の場合は，どちらかがよく省略される。ここでは the time が省略されている。「クリスマスは1年で私が一番好きなときです」 (4)「私が答えようとしたとき，彼が割って入った」

4 先行詞とそれに続く関係詞を見つけて，文の骨組みを考えていく。主語，動詞，目的語，補語の文の要素と関係詞の関係を見極める。

⑰ 接続詞 *(pp.38～39)*

解答

1 (1) but (2) because (3) Though
(4) until (5) Unless (6) whether
(7) that (8) so that (9) that (10) or

2 (1) and (2) As, as, but
(3) only, but (4) neither, nor
(5) whether[if], or

3 (1) Both, and (2) so, that
(3) Unless, or
(4) hardly[scarcely], when[before], No sooner

4 (1) Study hard so that you can pass the exam (2) Do as you were told
(3) Although my trip to Paris was very tiring, I enjoyed

解説 1 (1)「彼はメアリーを愛しているが，彼女は彼を愛していない」 (2) 原因を表す because。「私は風邪をひいていたので学校へ行かなかった」 (3)「～だけれども」と譲歩を表す。「泳げなかったが，彼女はプールへ行きたがった」 (4)「～するまで」を表す until。時を表す副詞節の中では未来のことも現在形を用いる。「雨がやむまでここで待ちなさい」 (5) unless は「もし～しなければ」と条件を表す。「もし今喫煙をやめないなら，病気になるでしょう」 (6) whether ～ or not は名詞節を導く場合もあるが，ここでは「～であろうとなかろうと」と譲歩の副詞節を導く。「彼が有罪でも無罪でも私は彼を信じる」 (7) be sure that ～「～と(いうことを)確信している」 (8)「so that＋節」「～するために，～するように」 (9) that 以下が主節の補語になっている。「困ったことに彼女は病気でベッドで寝ている」 (10) either ～ or ...「～か…のどちらか」

2 (1) 命令文＋and ～「…しなさい，そうすれば～」 (2) as far as ～は「～する限り」の意味で距離的な限界を表す。主節は not ～ but ...「～ではなく…」の形になっていると考える。 (3) not only A but also B「A だけでなく B も」
(4) neither A nor B「A も B も～しない」

3 (1)「彼も彼の妻もフランス語が話せる」 (2) 結果を表す。「彼女が話すのは私には速すぎて理解できなかった」 (3) if ～ not は unless ～や「命令文＋or ～」で書きかえることができる。
(4)「～するとすぐに」はいろいろな形で表されるので覚えておこう。No sooner ～の時制や語順に注意。

4 (1) so that ～ can ...「～が…するために」 (2) as は「～のように」と様態を表す。 (3) although は「～だけれども」と譲歩を表す。

⑱ 仮定法 *(pp.40～41)*

解答

1 (1) were (2) had (3) had (4) were
(5) as (6) would (7) though (8) only

2 (1) hadn't been, could have visited
(2) were to
(3) as if[though], knew
(4) wish, had not

3 (1) were, could run (2) hadn't given, couldn't have returned (3) But for, were not for (4) made, could

4 (1) If he were here, he would be glad to hear it (2) I wish she had been there yesterday (3) If it had not been for your help, I would have failed

解説 1 (1) 仮定法過去では，be 動詞は were を用いる。「もしひまなら，そこへ彼を手伝いに行くのだが」 (2) 仮定法過去完了。「もし彼女が十分なお金を持っていたら，その絵を買っただろう」
(3)「あのときもっと注意深くすればよかった」
(4)「彼がここにいれば本当のことを話すのだが」
(5)「as if＋仮定法過去」で「まるで～であるかのように」(事実と異なる)。「彼女はまるで科学者のように話す」 (6) if 節の動詞が過去形なので仮定法過去の文。 (7) as if ＝as though 「彼は病気だったかのように見える」 (8) if only「～しさえすればよい[よかった]のに」

2 (1) 仮定法過去完了。 (2) まず起こり得ない未来について仮定するときは，if 節に should や were to を用いる。 (4) I wish＋仮定法過去完了

3 (1) 仮定法過去へ書きかえる。 (2) 仮定法過去完

了。「もし君がお金をくれなかったら，私は日本へ帰って来られなかっただろう」 (3)「君の計画がなかったら私たちは成功できないだろう」 (4) 仮定法過去。

4 (1) 現在の事実と反する内容なので仮定法過去で表す。 (2) yesterday があるので仮定法過去完了になるとわかる。 (3)「もし～なかったら」if it had not been for ～

> **ミスポイント　直説法か仮定法か**
> 事実を述べる文を「直説法」，事実に反することを述べる文を「仮定法」という。if 節のある文で仮定法かどうかを迷ったら，「事実に反することか」を考えてみるとよい。
> 直説法：If it rains, ～.（もし雨が降ったら，～）
> 仮定法：If I were a bird, ～.（もし鳥ならば，～）

⑲ 話　法　(pp.42～43)

解答

1 (1) was　(2) if　(3) he was going
(4) to study　(5) not to hit　(6) to
(7) goes　(8) begin

2 (1) I didn't, that day　(2) he would, me, next day　(3) asked, if[whether], had　(4) asked, to　(5) suggested that

3 (1) The doctor said to me, "Don't smoke."　(2) He told me that he wished he could run faster.　(3) She said to him, "When will you leave for Canada ?"　(4) He told her that he usually gets up at six.　(5) My father asked me what I had done with his bag.

4 (1) He told me not to come into the room　(2) The man asked her how tall she was

解説 **1** (1)「彼は私に疲れていると言った」 (2) 疑問詞のつかない疑問文は「if[whether]＋S＋V」の語順にする。「彼女は私にパリへ行くかどうかをたずねた」 (3) 疑問詞のつく疑問文は「疑問詞＋S＋V」の語順にする。 (4)「父は私に一生懸命勉強するように言った」 (5)「～しないように」は「not＋to 不定詞」。「ジェーンは弟に犬をたたかないようにと言った」 (6) 続く語が動詞の原形なので to。 (7)(8) 不変の真理や現在の習慣などは時制の一致の制約を受けない。

2 (1) 直接話法から間接話法に転換するときは，時制，代名詞，時・場所を表す副詞を適切な形にする。「彼女は私に『あなたは今日そこへ行かなくてもよい』と言った」→「彼女は私にその日そこへ行かなくてもよいと言った」 (2) tomorrow は the next day になる。 (3) 直接話法で伝達される文が過去形や現在完了の場合，間接話法では過去完了形にする。 (4) 疑問文でも，依頼を表す場合は「ask＋人＋to ～」「～するように頼む」を使って間接話法に書きかえる。 (5) Let's ～. の文は suggest that ～「～しようと提案する」に書きかえる。

3 (2)「彼は『もっと速く走れたらなあ』と言った」仮定法は時制の一致を受けない。 (3)「彼女は彼にいつカナダへ出発するのかたずねた」 (4) 現在の習慣なので，時制の一致を受けない。 (5) 過去の疑問文なので，「疑問詞＋主語＋had＋過去分詞～」の語順になる。

4 (1) 不定詞を否定形にする。 (2) 間接疑問文の形になる。

⑳ 否　定　(pp.44～45)

解答

1 (1) エ　(2) カ　(3) ア　(4) オ　(5) ウ　(6) イ

2 (1) both of the movies
(2) does not[doesn't] always use
(3) Nobody[No one] believes
(4) never[cannot] see this without

3 (1) far from[anything but]　(2) last, to
(3) Not all　(4) cannot[can't], too
(5) no longer　(6) free from

4 (1) none of the three jackets
(2) but a good tennis player
(3) will not be long
(4) fails to keep his word

解説 **1** (1) seldom は「めったに～ない」と頻度が低いことを表す副詞で，弱い否定を表す。「私はめったに 12 時前に寝ない」 (2) hardly は「ほとんど～ない」と程度の低さを表す準否定の語。「彼女はもはやほとんど立っていることができなかった」 (3)「全部が～というわけではない」という部分否定の文。 (4) neither は 2 つの人，物のうち「どちらも～ない」と両方ともを否定する。「彼らのどちらもフランス語を話さない」 (5) not ～ until ...「…

して初めて～する」untilのあとには節または時を表す句がくる。「今朝初めてそのニュースを聞いた」(6)修辞疑問文。「誰が水なしで生きられるのか(誰にもできない)」

2 (1)not ～ eitherは2者を否定するので，not ～ both「両方とも～なわけではない」にする。
(2)never「決して～ない」→not always「いつも～ではない」 (3)Not everybody → Nobody
(4)never[cannot] ... without ～「～すれば必ず…する」

3 (2)「～しそうにない…」last ... to ～ (4)「～してもしすぎることはない」cannot ～ too ...
(5)「もはや～ではない」no longer ～

4 (1)「彼女は3つの上着のどれも選ばなかった」none of ～＝not any of ～ (2)「彼は全然いいテニス選手ではない」anything but ～を使う。(3)it is not long before ～は直訳すると「～するまで長くない」→「まもなく～する」という意味。 (4)fail to ～「～しない」にneverをつけると「～しないことは決してない」→「常に[必ず]～する」という意味。

21 特殊な構文 (pp.46～47)

解答

1 (1)ア (2)カ (3)ウ (4)エ (5)オ (6)イ

2 (1)comes spring (2)the very
(3)years, years (4)It, until, that
(5)Well did (6)so[as] far as I know

3 (1)Rarely does my sister watch TV.
(2)I did tell her the truth. (3)While running, I saw the man. (4)I often go to Paris on business.

4 (1)It was yesterday that she broke the dish (2)I will go with him if necessary

解説 1 (1)「ほとんど～ない」と準否定の意味を持つ副詞littleを文頭に置いて強調する。過去形なので主語の前はdid。「彼が私の家へ来るとはほとんど考えていなかった」 (2)繰り返しを避けるための倒置。「彼は試験のために熱心に勉強した。私もだ」 (3)It is ～ that ... の強調構文。「私のかばんを盗んだのはその男性だった」 (4)副詞の強調。「私は彼の声をよく覚えている」 (5)「もし必要なら君にお金をあげる」 (6)無生物主語の文。「この薬をのめばよくなるでしょう」

2 (1)After winterが倒置されているので「V＋S」の語順。springが主語なのでcomesとする。
(2)「the very＋名詞」で「まさに～」と名詞を強調する。 (4)「～して初めて…する」はIt is not until ～ that ....。until ～の部分が強調されている。 (5)副詞を強調する倒置。 (6)説明を加えるための節の挿入。so[as] far as ～「～する限り」

3 (1)否定の副詞を文頭に出すと，あとは疑問文的語順になる。「めったに私の姉はテレビを見ない」
(2)過去形なので，didを入れ，toldを原形にする。
(3)言わなくてもわかる語はよく省略される。
(4)「仕事が連れて行く」→「仕事で行く」という文にする。「仕事で」はon business。for my workなどでもよい。

4 (1)itを主語にして強調したい語をthatとの間に置く。 (2)条件を表すifの導く節では，主節の主語と一致していなくてもSVの部分は省略できる。

復習問題③ (pp.48～49)

解答

1 (1)can hardly[scarcely] speak
(2)if[whether] it will
(3)you were, would you buy
(4)me when I would
(5)friend whose, is
(6)prevented, from (7)where it

2 (1)anything, easy (2)asked, to
(3)neither will I

3 (1)He is the only man that I know who can do it (2)It was only yesterday that she told me about

4 (1)If he had studied harder, he would have become a doctor.
(2)Only yesterday did she understand what he meant. (3)Not many of them passed the entrance exam.

5 (1)①ア ②エ (2)長所：到着時刻が容易に推測できる。 短所：駅にしか止まらない。 (3)各輸送方法のこのような長所と短所は考慮されるべきである。
(4)Ships can.

解説 1 (1)「ほとんど～できない」can hardly[scarcely] ～ (2)if, whetherは「～かどうか」という名詞節を導く接続詞。 (3)仮定法過去。「If＋S＋過去形，S＋would[could] ～.」 (4)間接

話法では，時制，代名詞，語順に注意する。 (5) 所有格の関係代名詞。 (6) prevent ～ from ...ing 「～が…するのを妨げる」 (7) 前が場所なので関係副詞は where。

2 (1)「この問題は全然簡単ではない」 (2) Will you ～？は依頼を表すので，「ask＋人＋to ～」「～するように頼む」を用いる。 (3) 倒置文である。

3 (1) 2つの関係詞節が同一の先行詞（the only man）を修飾している形。 (2) 強調構文。It is ～ that .... の形にする。

4 (1) If 節は過去完了形，主節は would have＋過去分詞にする。 (2) 倒置構文になるので，あとに疑問文的語順を続ける。 (3) 部分否定は Not many of them。主語が反意になるので動詞は肯定形にする。

5 (1) ①ア「適した」 イ「説明責任がある」 ウ「賞賛すべき」 エ「避けられない」 ②ア「したがって」 イ「例えば」 ウ「要するに」 エ「一方で」
(2) 第5文の内容をまとめる。 (3) take ～ into consideration「～を考慮する」の受け身の形。
(4) 第4文参照。

㉒ 名 詞 *(pp.50～51)*

解答

1 (1) children (2) feet (3) ×
(4) tomatoes (5) knives (6) deer
(7) × (8) cities (9) hours (10) Chinese

2 (1) much (2) families (3) visit (4) is

3 (1) キ (2) ア，オ (3) イ，ク，ケ (4) イ
(5) ウ (6) カ (7) ア，エ (8) ク，コ
(9) キ (10) ア，エ

4 (1) was → were (2) peoples → people
(3) a few furnitures → a few pieces of furniture (4) were → was
(5) pair → pairs

5 (1) He gave me some information about the concert (2) Twenty minutes' walk brought me to the park
(3) The dress cost just three and a half dollars (4) A hundred years is long for human beings

解説 **1** (1)(2) 不規則に変化する。 (3) 物質名詞
(4) -o で終わる名詞は，-es をつけて複数にする。
(6)(10) 単複同形 (7) 単数扱いの集合名詞

> **注意 名詞の単複に例外はある**
> fish は複数形になっても形が変わらない。が，2種類以上の魚がいるとはっきりとわかる場合は fishes となる。
> また people は，常に複数扱いだが，「国民，民族」という意味で使うときは，a people/peoples となる。

2 (1)「彼は財布に多くのお金を持っている」
(2) 家族をひとまとまりとしてとらえ，1家族，2家族…と数えている。 (3) people は複数扱い。
(4) curry and rice は2つで1つの物を表現しているので単数扱い。

3 容器や形など，その物質特有の数え方がある。

4 (1) most of に続く名詞によって単複を使い分ける。the houses と複数なので were。 (2) people は「人々」という意味のときは s をつけないで複数扱い。 (3) a piece of furniture ～と数える。
(4) not only A but B は，B に動詞を一致させる。
(5) shoes は2つで1対をなす。a pair of ～，two pairs of ～と数える。

5 (1) information は不定量なので，some information となる。 (2)「's」をつけて名詞の所有格を作るとき，語尾が -(e)s の語には「'」のみをつける。
(3)「3ドル半」three and a half dollars (4) A hundred years をひとまとまりと考えて，単数扱い。1年1年の経過を意味するときは複数扱い。

㉓ 代名詞 *(pp.52～53)*

解答

1 (1) They (2) him (3) hers (4) We
(5) her (6) them

2 (1) あなたの周りにいる人々に (2) 私は2時間かかった (3) 1人[独力]で運ぶことはできない

3 (1) one (2) It (3) his (4) another
(5) yourself (6) Both the
(7) any (8) one, another

4 (1) Some, others (2) One, the other
(3) like that (4) as such
(5) Each, has

5 (1) Those who were present were all for the proposal (2) often made in ways which are different from those of

解説 **1** (1)「彼女たち」の主格なのでThey。 (2)「彼」の目的格なのでhim。 (3)「所有格＋名詞」は所有代名詞で置きかえられる。 (4) I も含まれているので「私たちは」のwe。 (5)「彼女」の所有格はher。 (6) 前置詞のあとは目的格。

2 (1) このthoseは複数の人を表す。 (2) 所要時間を表す文の主語にはitを用いる。It takes＋O＋所要時間＋to ～「Oが～するのに…かかる」

3 (1) 特定の物ではなくカメラという種類の物を指すのでitではなくoneを用いる。 (2) 形式主語の文。to以下が真の主語。 (3)「one's own＋名詞」で「～自身の…」。eachは単数扱いなのでhisになる。 (4) 前の文のT-shirtを置きかえて，「違うものを1枚」という意味なのでanother。 (6) both ～「～の両方とも」 (7)「私はそれらのどの歌手のことも知らない」 (8) A is one thing, and B is another.「AとBとは別のことである」

4 (1) some ～, others ...「～もあれば…もある」(*cf.* some ～, the others ...「いくつかは～，残りは…」) (2) one ～, the other ...「(2つのうち) 1つは～，もう1つは…」 (3) 名詞の反復を避けるためにthatを使う。 (4) このsuchは「そのようなもの・人・事」という意味。as「～として」

5 (1) those who ～「～する人々」 be present「～に出席している」 (2) 前述の名詞waysを反復しないようにthoseが使われる。

24 冠　詞 (*pp.54～55*)

解答

1 (1) once (**a**) month
(2) such (**a**) beautiful lady
(3) me (**the**) salt (4) in (**the**) face
(5) for (**a**) while (6) By (**the**) way
(7) half (**an**) hour

2 (1) ある[1人の]日本人 / 日本人（というもの）
(2)（その）病院へ行った / 入院していた

3 (1) the (2) the (3) × (4) the (5) ×, the (6) × (7) the (8) a (9) a (10) a

4 (1) The young should give their seats to the old (2) I want him to be a Beethoven (3) All of a sudden, the boy began crying (4) how foolish such an idea is

解説 **1** (1) 回数を表す語 (once, twice ～)＋a＋時間を表す語 (hour, day, week ...)「…につき～回」 (2) such a＋形容詞＋名詞「ケンはそのときまでそんな美しい婦人を見たことがなかった」 (3) 目の前にあるものなので特定できる。 (4)「(人の体を) たたく，見る，つかむ」などというときは，「前置詞＋the＋身体の部分」で表すことが多い。

2 (1) 不特定の人を指すa「ある～」と，総称を表すthe「～というもの」。 (2) 病院を建物として捉えているものと，治療する機能を持つものと捉えているもの。

3 (1) in the future「将来」 (2)「春はバードウォッチングに最もよい季節だ」 (3) スポーツ名には冠詞をつけない。 (4)「だれかが私の肩をたたいた」 (5) 月の名前には冠詞をつけない。「8月は1年で最も暑い月だ」 (6) 交通手段のbyのあとは無冠詞。 (7)「バターはポンド単位で売られている」 (10)「君はとても運のいい人だからうらやましい」

4 (1)「席を譲る」give one's seat 「若い人々」the young (3)「突然」all of a sudden (4) how以下はknowの目的語。語順に注意する。

25 形容詞 (*pp.56～57*)

解答

1 (1) some (2) exciting (3) any
(4) large (5) hundred (6) few
(7) well (8) high (9) economic

2 (1) $\frac{2}{9}$ (2) 4.52 (3) eighteen sixty-five
(4) November (the) fifth

3 (1) only, why
(2) found, asleep[sleeping]
(3) All, small wooden
(4) It, necessary, all
(5) Quite a few (6) nothing special

4 (1) careful (2) impossible, to
(3) of her (4) independent

5 (1) No topic is interesting if you are not interested (2) There is a little apple juice in the refrigerator

解説 **1** (1) someは肯定文で「いくらかの（数えられない名詞)」の意味を表す。 (2)「見ること」という動作を説明しているのでexciting。excitedは人を主語にとる。 (4) 総数の多少を表すときは，

large / small を使う。 (5) 200, 300 という数では hundred に s はつけない。hundreds of ～は「何百もの～」。 (6) 直後に複数形の名詞が続いていることに着目する。 (7) well には「健康な」「丈夫な」という意味の形容詞としての用法がある。 (8) 価格は high / low を使って高低を表す。the computer が主語なら expensive。 (9) economical は「経済的な, 安上がりな」の意味。

2 (1) 分数は分子が基数詞（ふつうの数），分母は序数詞。分子が2以上では分母に s をつける。

3 (1) only は限定用法のみ。 (2) asleep「眠っている」は叙述用法のみに使われる形容詞。分詞の sleeping でも可。 (4) 形式主語 it を用いた構文。 (5) quite a few＋複数名詞「かなりたくさんの～」 (6)「名詞＋形容詞」の語順。

4 (1) careful＝形容詞「注意深い」, carefully＝副詞「注意深く」 (2)「彼女が正午前にそこへ着くのは不可能だ」

5 (1) interesting は「(物, 事などが) 興味深い」, interested は be interested in ～で「(人)が～に興味がある」 (2) juice は物質名詞。a little「少量の」

26 副　詞 (pp.58～59)

解答

1 (1) hard (2) yet (3) very (4) well
(5) much (6) almost (7) comes
(8) ago (9) easy (10) Pretty (11) near

2 (1) very → much (2) too → either
(3) Most → Almost (4) lately → late
(5) usually is → is usually
(6) ago → before

3 (1) is still (2) Why, you
(3) has, lately
(4) hardly[scarcely] believe
(5) old enough
(6) almost[nearly] always

4 (1) How far is it from here to the store? (2) How high is Mt. Fuji?
(3) How often does she visit her grandmother?

解説 **1** (1)「ジョンはこの前の日曜に熱心に中国語の勉強をした」 (2)「彼女はまだ宿題を終えていない」 (3)「彼はとても正直な人だ」 (4)「あなたはフルートをとても上手に演奏できる」 (5)「今日は昨日よりもずっと寒い」 (6) 両方「ほとんど」の意味だが, near は any を修飾できないので almost。 (7) never は否定の意味を持つが副詞なので, 動詞の形を変化させることはない。 (8)「彼らは1時間前, 図書館にいた」 (9) Take it easy.「じゃあね」 この easy は「気楽に」という意味の副詞。 (10)「非常に元気です, ありがとう」 (11)「クリスマスはもうすぐだ」

2 (1) 比較級を修飾するのは very ではなく much。「あなたはジェーンよりずっと美しい」 (2) 否定文で「～もまた…ない」は either にする。 (3) あとに all が続くので副詞の Almost にする。all をとって, Most of ～にしても正解。 (4) lately は「最近」, late は「遅く」。 (5) 頻度を表す副詞の位置に注意。 (6) 過去完了と共に用いるのは before。

3 (2) Why don't you ～?「～するのはどうですか」 (4)「ほとんど～ない」と準否定を表す hardly は動詞の前に置く。 (5) 動詞＋形容詞[副詞]＋enough ～「～するのに十分…」

4 (1) 300 メートルという距離をたずねる。「どのくらいの距離～?」は How far ～? (2) 3776 メートルという高さをたずねるので How high ～?
(3) 頻度をたずねるときは How often ～?

27 前置詞 (pp.60～61)

解答

1 (1) on (2) between (3) from
(4) around (5) on (6) by (7) in
(8) of (9) on (10) for

2 (1) from, in (2) by (3) with, open
(4) by (5) On (6) about
(7) for, of, for

3 (1) ウ (2) ア (3) イ (4) オ (5) エ (6) カ

4 (1) I will be ready in two minutes
(2) I disagree with the idea that literature is useless

解説 **1** (1)「私は昨日家へ帰る途中彼女に会った」 (2)「彼女は2人の少年の間に立っている」 (3)「バターは牛乳から作られる」be made of ～は材料を表し be made from ～は原料を表す。
(4) around は「～の周りを」, along は「～に沿って」。 (5) on は「～の表面に接して」なので壁に掛けてあるものも on で表す。 (6) 受動態の文なので, 動作主を表す by。 (7)「彼は私の忠告にもかかわらず喫煙をやめなかった」 (8)「カエルが池から出てきた」 (9)「パーティーは5月15日の晩に開かれる」特定の日はon。 ⑽ look for ～「～を探す」のforが関係代名詞と共に前に置かれた形。

2 (1)「～と異なる」differ from ～ (2)「～までに」という期限を表すby。 (3) withは同伴を表す前置詞で，「ある状態をもったまま」と付帯状況を表すことがある。openは「開いている」を表す形容詞。 (4)「3歳年上だ」は程度，差異を表すbyを用いて表す。 (5)「on＋名詞(句)」で「～するやいなや」。 (6)「～を心配して」be anxious about ～ (7)「～の目的で」for the purpose of ～

3 (1)「思考は言葉によって表現される」 (2)「私はシャツを他の物と一緒に送った」 (3)「その女性について言うと，私は二度と彼女に会いたくない」 (4)「この辺りに新しい公園を作るのに私は賛成した」 (5)「彼女は金のために彼と結婚した」 (6)「私はインフルエンザで学校を休んだ」

4 (1)「今から～後に」という時の経過を表すin。 (2) disagree with ～「～に反対する」

> **ミスポイント　主要前置詞から始めよう**
>
> 日本語にない前置詞は非常に学習しにくい品詞。しかし実際の試験で多く問われるのは，
> at / by / for / from / in /of / on / to / with
> の9つの前置詞で，実に9割をカバーしていると言われる。これらの基本用法をまず押さえることが攻略のポイントだ。

復習問題④ (pp.62～63)

解答

1 (1) another cup (2) on the (3) books useful (4) The, are, a (5) none of (6) are those (7) On, other hand

2 (1) c (2) d (3) d (4) b (5) c (6) a (7) b

3 (1) The rich always seem to look down on the poor
(2) These two plants are different in almost every way

4 (1) ほとんどの国で，学校は朝8時半から始まり夕方4時に終わること。
(2) conducted (3) Students must be allowed to choose what time of the day school (should start.) (4) イ

解説

1 (1)「もう1つの～」another ～ (2) 体の一部を表すthe。 (3) 修飾語句が形容詞を修飾しているので，「名詞＋形容詞＋修飾語句」の順。
(4) 総称として「～というもの」を表すthe，anyの働きをするa。 (5) none of ～「何も～ない」
(6) 名詞の反復を避けるthose。feelingsを指す。

2 (1) 面積の狭さはsmallで表す。narrowは幅が狭いことを表す。 (2) every other ～「1つおきの～」 (3) buyは目的語をとるので，あとに入るのは(代)名詞。肯定文なので，「いくらか」の意味のsomeが入る。 (4) out of touch「手の届かない」
(5) some ～, others ...「～もあれば…もある」
(6)「公共サービスの代わりに税金を払う」 a.とb.が「～の代わり」の意味を持つが，ここでは税金の話なので「対価として」の意味をもつa.が最も適切。 (7) respectful「尊敬の念に満ちた」，respective「それぞれの」，respect「尊敬，点」という意味。「彼女はよい家庭に育ったきちんとした女性だ」

3 (1) look down on「見下す」 (2) almostの入る位置に注意する。

4 (1) 第1文の内容をまとめる。 (2)「2017年に実施された調査」となるように，過去分詞の後置修飾の形にする。 (3) must be allowed to choose「選ぶことを許可されなければならない」助動詞＋受動態の形。 (4) 直前の文の「若い世代は中年世代より2時間後に『自然な』一日が始まる」という内容から判断する。